Battle of the Warring States

知識ゼロからのCGで読む

戦国合戦

Tetsuo Owada

小和田哲男

静岡大学名誉教授

幻冬舎

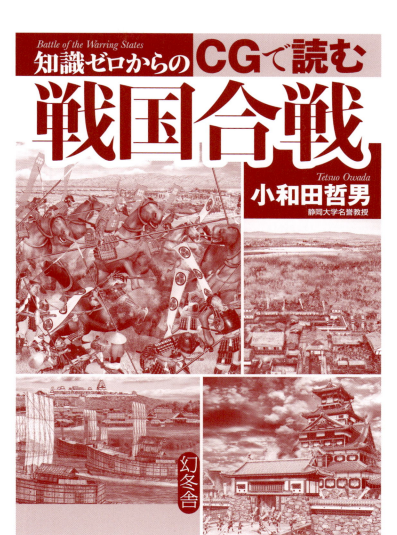

はじめに

戦国時代を知るのに、合戦は欠かせない。とにかく、戦国時代という名称そのものが、戦いの連続だった時代相をあらわしているからである。

戦国の世を生きた人々も、自分たちが生きている時代を「戦国」ととらえていた。たとえば甲斐《かい》の戦国大名・武田《たけだ》信玄《しんげん》は、分国法《ぶんこくほう》『甲州法度之次第《こうしゅうはっとのしだい》』のなかで、「天下戦国の上は……」といういい方をしている。本格的なものだけでなく小競り合いなどを含めれば、毎日どこかで争いが起きていたような時代だから、合戦を知らずして戦国一五〇年を語ることはできない。

本書は、その戦国時代入門書として編まれた。桶狭間《おけはざま》の戦いや長篠《ながしの》・設楽原《したらがはら》の戦いなど著名な合戦はもちろん、忍城《おしじょう》の戦いや耳川《みみかわ》の戦いといった史料の少ない合戦まで、三〇あまりの戦いを取り上げ、CGとともに解説した。

戦国武将たちが実際にどう戦っていたのかは、文章だけではわかりにくい。対陣図や布陣図といったもので説明する手もあるが、やはり、どうしても臨場感に欠ける。戦場に通ずる道はどうなっていたのか。戦場近くの田畑はどうなっていたのか。旗・指物は敵・味方にどのように見えていたのか。一つの合戦を取り上げても知りたいことだらけである。

江戸時代、合戦シーンを描いた「合戦図屏風《びょうぶ》」がさかんに作られたが、さしずめ本書はCGによる〝現代版合戦図屏風〟といえるかもしれない。リアルな画像を見ながら、戦国時代を楽しんでいただければ幸いである。

小和田哲男

［目次］

特集一 合戦の舞台裏

第二章 攻城戦

城を攻める側、守る側
知略を尽くした戦い

第三章 会戦

大軍同士が衝突し、歴史を変えた決定的瞬間

特集二 戦国武将の実態

序章

戦国時代の流れ

英雄たちが覇権を争った 一五〇年の戦国史

和暦	西暦	出来事
延元三	一三三八	足利尊氏が室町幕府を開く
元中九	一三九二	三代将軍・足利義満が南北朝を統一
嘉吉元	一四四一	六代将軍・足利義教が暗殺される
応仁元	一四六七	応仁・文明の乱が勃発。戦火が全国へと広がる
文明九	一四七七	応仁・文明の乱が終わる
長享二	一四八八	加賀で一向一揆が始まる
明応二	一四九三	北条早雲が堀越公方を滅ぼし、伊豆を手にする
大永元	一五二一	武田信玄誕生
享禄三	一五三〇	上杉謙信誕生
天文三	一五三四	織田信長誕生
天文五	一五三六	今川義元が家督を継ぐ
天文六	一五三七	豊臣秀吉誕生
天文十	一五四一	武田信玄が家督を継ぐ
天文十一	一五四二	徳川家康誕生
天文十二	一五四三	種子島に鉄砲が伝わり、国内での製造が始まる

●関東の争乱と応仁・文明の乱が発端

およそ一五〇年にわたって群雄割拠の世が続いた戦国時代。その端緒を開いたのは、東国での争乱と応仁《おうにん》・文明《ぶんめい》の乱だった。

まず嘉吉《かきつ》元年（一四四一）、室町幕府六代将軍・足利義教《あしかがよしのり》が守護大名の赤松満祐《あかまつみつすけ》に暗殺され、将軍の権威が低下すると、関東では鎌倉公方《くぼう》（のちの古河《こが》公方）・足利氏、扇谷上杉《おうぎがやつうえすぎ》氏、山内《やまのうち》上杉氏による覇権争いが勃発した。

一方、京では赤松氏を打ち倒した有力守護大名の細川《ほそかわ》氏と山名《やまな》氏が対立、そこに八代将軍・義政《よしまさ》の後継争いも加わって、応仁元年（一四六七）から文明九年（一四七七）まで、およそ一〇年にわたる応仁・文明の乱が行なわれた。

その結果、当時世界有数の都市であった京の街

天文十五	一五四六	北条氏康が河越夜戦（→18ページ）で勝利し、関東の覇権を握る
天文十八	一五四九	フランシスコ・ザビエルがキリスト教を伝える。徳川家康が今川氏の人質になる
天文二十	一五五一	上杉謙信が越後を統一
天文二十二	一五五三	川中島の戦い（→32ページ）が始まる
弘治元	一五五五	毛利元就が**厳島の戦い**（→22ページ）で陶晴賢に勝利する
永禄二	一五五九	織田信長が尾張を統一
永禄三	一五六〇	唐沢山城の戦い（→82ページ）が始まる。織田信長が**桶狭間の戦い**（→26ページ）で今川義元に勝利する
永禄五	一五六二	織田信長と徳川家康が清洲同盟を結ぶ
永禄七	一五六四	**川中島の戦い**が終わる。徳川家康が三河を統一
永禄十	一五六七	伊達政宗誕生。織田信長が稲葉山城の戦い（→84ページ）で斎藤氏を滅ぼす

は焼け野原となり、幕府にはなんの能力もないことが明らかにされた。

そうしたなか、全国でおよそ一五〇の戦国大名が登場し、互いに争いを繰り広げ始めた。血で血を洗う戦国時代の幕開けである。

●戦国大名が全国各地に登場!!

戦国大名の成り立ち方としては、主に三つのパターンがあった。

一つ目は、守護が守護大名になり、そこからさらに戦国大名へと進化したケースで、甲斐の武田氏や駿河《するが》の今川《いまがわ》氏などがこれにあてはまる。

二つ目は、下剋上《げこくじょう》によって戦国大名化するパターン。実質的に土地を支配する守護代が、主人である守護を実力で打ち倒して戦国大名となる。越後《えちご》の長尾《ながお》氏や出雲《いずも》の尼子《あまご》氏などが代表例だ。

三つ目は、農民を直接支配していた国人《こくじん》の領主が何人かで結びついて守護大名に対抗（国人一揆）し、戦国大名になるパターン。代表例としては安芸《あき》の毛利《もうり》氏があげられる。

永禄十一	一五六八	織田信長が足利義昭を奉じて上洛する
元亀元	一五七〇	織田・徳川連合軍と浅井・朝倉連合軍による姉川の戦い（→36ページ）が起こる。信長と一向宗の門徒らによる**石山合戦**（→86ページ）が始まる
元亀二	一五七一	織田信長が比叡山延暦寺を焼き討ち（→88ページ）にする
元亀三	一五七二	武田信玄と徳川家康による三方ヶ原の戦い（→38ページ）が起こる
元亀四	一五七三	織田信長が足利義昭を追放し、室町幕府が滅ぶ。信長が小谷城の浅井長政を攻める（→94ページ）
天正二	一五七四	伊勢長島の一向一揆（→96ページ）を織田信長が鎮圧
天正三	一五七五	**長篠・設楽原の戦い**（→42ページ）が起こり、武田軍が敗北

明応《めいおう》二年（一四九三）には、伊勢新九郎《いせしんくろう》（のちの北条早雲《ほうじょうそううん》）が関東の混乱に乗じて堀越《ほりごえ》公方を打倒し、伊豆《いず》を平定。さらに相模《さがみ》に進出するなど支配地を広げ、戦国大名の先駆けとなった。

越後の長尾為景《ためかげ》（上杉謙信《けんしん》の父）や美濃《みの》の斎藤《さいとう》道三《どうさん》も、守護を倒して戦国大名へと成長。甲斐の武田氏や駿河の今川氏、薩摩《さつま》の島津《しまづ》氏などもそれぞれ力を蓄え、戦国大名として支配を強めていく。

●儚くついえた信長の野望

十六世紀後半、北条氏康《うじやす》が関東の覇権を握り、武田信玄と上杉謙信が川中島《かわなかじま》で激戦を繰り広げていた頃、戦国史を塗り替える革命児が登場する。尾張《おわり》の織田信長《おだのぶなが》である。

守護代の一族から成り上がり尾張を統一した信長は、永禄《えいろく》三年（一五六〇）の桶狭間の戦いで「海道一の弓取り」と称されていた東海の覇者・今川義元《よしもと》を倒し、天下に武名を轟《とどろ》かす。

その後、三河《みかわ》を支配する徳川家康《とくがわいえやす》と同盟を結び、美濃の斎藤氏を制圧すると、永禄十一年（一五六

天正四	一五七六	織田信長が安土城を築城。木津川口の戦い（→48ページ）が始まる
天正六	一五七八	豊臣秀吉が三木城を攻略（→98ページ）。島津氏が耳川の戦い（→52ページ）で大友氏に勝ち、九州の覇権を握る
天正九	一五八一	豊臣秀吉が鳥取城を攻略（→100ページ）
天正十	一五八二	豊臣秀吉が備中高松城を攻略（→102ページ）。明智光秀により信長が**本能寺で暗殺**される（→104ページ）。**山崎の戦い**で秀吉が光秀を倒す（→56ページ）。清洲会議にて、信長の後継者が決まる。秀吉が太閤検地を始める
天正十一	一五八三	豊臣秀吉が**賤ケ岳の戦い**（→58ページ）で柴田勝家を破る

八）には足利義昭《よしあき》を奉じて上洛を果たし、義昭を十五代将軍とした。

信長はほどなく義昭と反目し、義昭に与《くみ》する近江《おうみ》の浅井《あざい》氏、越前《えちぜん》の朝倉《あさくら》氏、甲斐の武田氏、石《いし》山本願寺《やまほんがんじ》、比叡山延暦寺《ひえいざんえんりゃくじ》などと対立することになったが、浅井・朝倉両氏を姉川《あねがわ》の戦いで破り、延暦寺と本願寺も降伏させるなど、対抗勢力を次々に消していった。さらに元亀《げんき》四年（一五七三）には、義昭を追放して室町幕府を滅ぼしている。

そして天正《てんしょう》十年（一五八二）、信長は武田氏を滅ぼして中国、北陸の支配もほぼ確実なものにした。天下統一は目前にまで迫っていた。

ところが同年六月、京の本能寺《ほんのうじ》に滞在中、家臣である明智光秀《あけちみつひで》の謀反《むほん》にあい、急逝。信長の野望は儚《はかな》くもついえたのである。

●秀吉が天下統一を成し遂げる

信長が抱いていた天下統一の夢は、羽柴秀吉《はしばひでよし》、のちの豊臣《とよとみ》秀吉に受け継がれた。

信長の重臣であった秀吉は、農民の子として生

天正十二	一五八四	豊臣秀吉と徳川家康による**小牧・長久手の戦い**（→128ページ）が起こる
天正十三	一五八五	第一次上田合戦（→110ページ）が起こる。 豊臣秀吉が関白に就任。 秀吉が長宗我部氏を倒し、四国を支配。 人取橋で伊達政宗が南奥諸大名の連合軍と戦う（→62ページ）
天正十五	一五八七	豊臣秀吉が島津氏を降伏させ、九州を支配
天正十六	一五八八	刀狩りが行なわれる
天正十七	一五八九	伊達政宗が摺上原の戦いで蘆名氏を破る
天正十八	一五九〇	豊臣秀吉が伊達政宗を降伏させ、東北を支配。 石田三成が忍城を攻め（→116ページ）、失敗する。 秀吉が**小田原攻め**（→118ページ）で北条氏を降伏させ、関東を制圧、天下統一を実現する

まれながら、一国一城の主に成り上がった実力者。本能寺の変の際には中国遠征の一環である備中高《びっちゅうたか》松城《まつじょう》攻めを行なっていたが、信長の悲報を聞きつけるとすぐに京へと舞い戻り、山崎《やまざき》の戦いで光秀を討伐。主君の仇《かたき》をとった。

その後、信長の後継者を決める清洲《きよす》会議で柴田《しばた》勝家《かついえ》と対立すると、天正十一年（一五八三）に、賤ヶ岳《しずがたけ》の戦いで勝家を討ち、翌年には小牧《こまき》・長久《ながく》手《て》の戦いで徳川家康と戦って、家康の伸張を抑えることに成功した。

さらに秀吉は、天正十三年（一五八五）に四国の長宗我部《ちょうそかべ》氏を、その翌年には九州の島津氏も臣従させる。そして関白《かんぱく》・太政大臣《だいじょうだいじん》になり、朝廷から豊臣の姓を賜《たまわ》った。

天下統一事業の総仕上げは小田原《おだわら》攻め。天正十八年（一五九〇）、秀吉は関東を支配する北条氏の小田原城を包囲し、北条氏政《うじまさ》・氏直《うじなお》父子を降伏させた。その傍らでは奥州《おうしゅう》の伊達政宗《だてまさむね》も制圧。こうして秀吉は、信長に代わって天下統一を成し遂げたのである。

文禄元	一五九二	豊臣秀吉が朝鮮出兵（→130ページ）を行なう
慶長二	一五九七	豊臣秀吉が再び朝鮮出兵（→130ページ）を行なうが、失敗に終わる。足利義昭死去
慶長三	一五九八	豊臣秀吉死去
慶長五	一六〇〇	伏見城の戦い（→122ページ）が起こる。第二次上田合戦（→124ページ）が起こる。徳川家康率いる東軍と石田三成率いる西軍による**関ヶ原の戦い**（→134ページ）が起こり、東軍が勝利
慶長八	一六〇三	徳川家康が江戸幕府を開く
慶長十九	一六一四	徳川家康が大坂城を攻め、**大坂冬の陣**（→140ページ）が起こる
慶長二十	一六一五	**大坂夏の陣**（→140ページ）が起こり、徳川家康が豊臣氏を滅ぼす

●最後に笑ったのは徳川氏

秀吉は次に大陸に目を向け、天正二十年＝文禄《ぶんろく》元年（一五九二）と慶長《けいちょう》二年（一五九七）に朝鮮出兵を行なった。しかし、日本軍は劣勢を強いられ、結果的に失敗。秀吉はそのさなかに没した。

豊臣五大老《ごたいろう》筆頭格の家康は、秀吉から遺児・秀頼《ひでより》の後見人を頼まれていた。そうした経緯から家康が政権を主導し始めると、五奉行《ごぶぎょう》一の実力者である石田三成《いしだみつなり》が反発し、家康に戦いを挑む。

慶長五年（一六〇〇）九月、家康率いる東軍と毛利輝元《てるもと》を総大将とする西軍は、関ヶ原《せきがはら》で天下分け目の大決戦を行なった。西軍有利とみられていたが、小早川秀秋《こばやかわひであき》の裏切りなどもあって東軍が勝利。これにより、徳川氏の覇権が確定した。

三年後、家康は征夷大将軍《せいいたいしょうぐん》に任ぜられ、江戸《えど》幕府を開く。慶長二十年（一六一五）には大坂の陣で秀頼を自害に追い込み、豊臣氏を滅ぼす。

これにて戦国時代は終わり、その後二五〇年間続く太平の時代が幕を開けたのである。

戦国時代の 領土の変遷

永禄3年(1560)頃

全国各地で戦国武将たちが名乗りを上げ、力をつけてきた頃

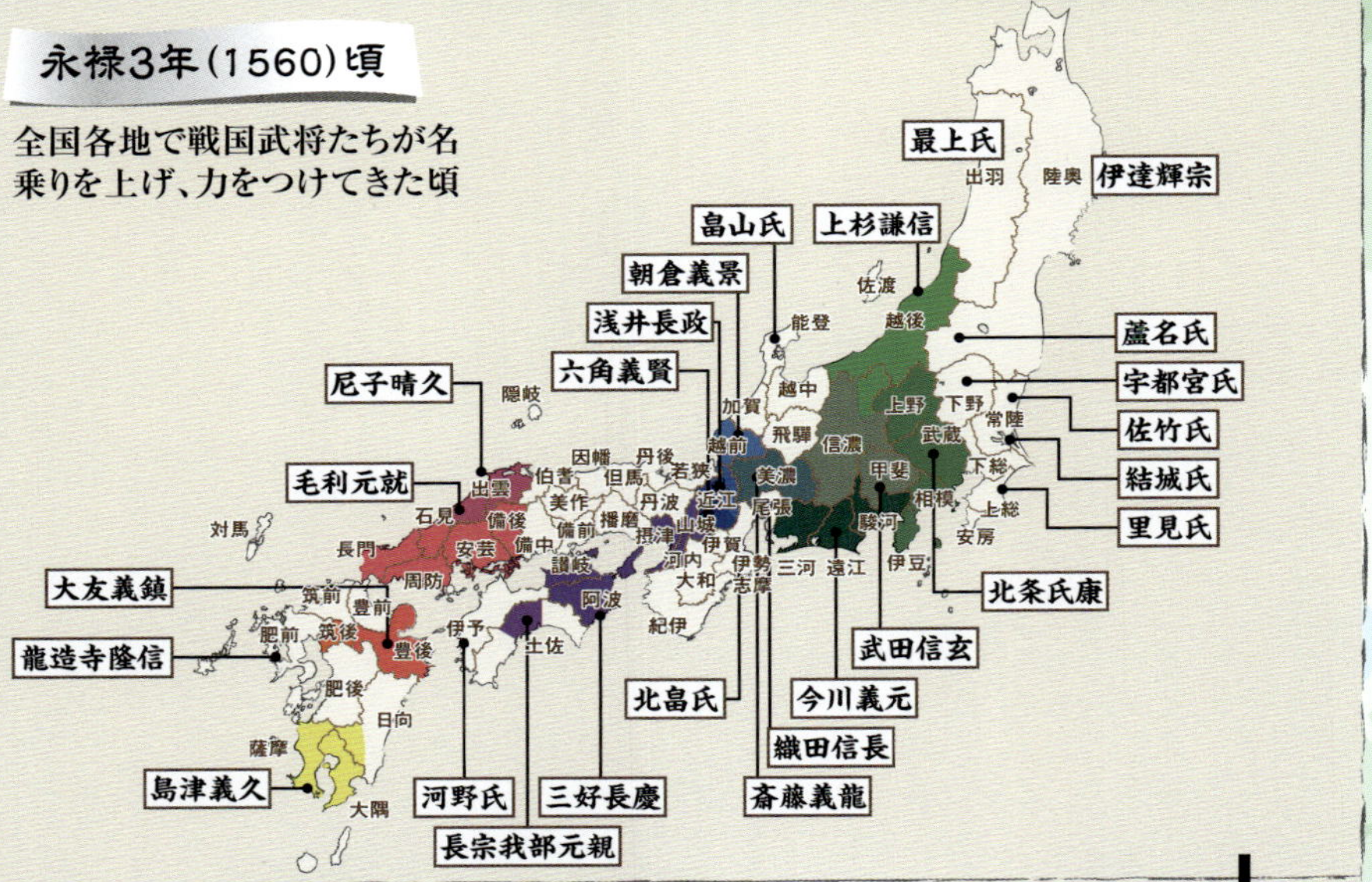

天正11年(1583)頃

織田信長亡き後、羽柴秀吉と徳川家康が覇権争いをしていた頃

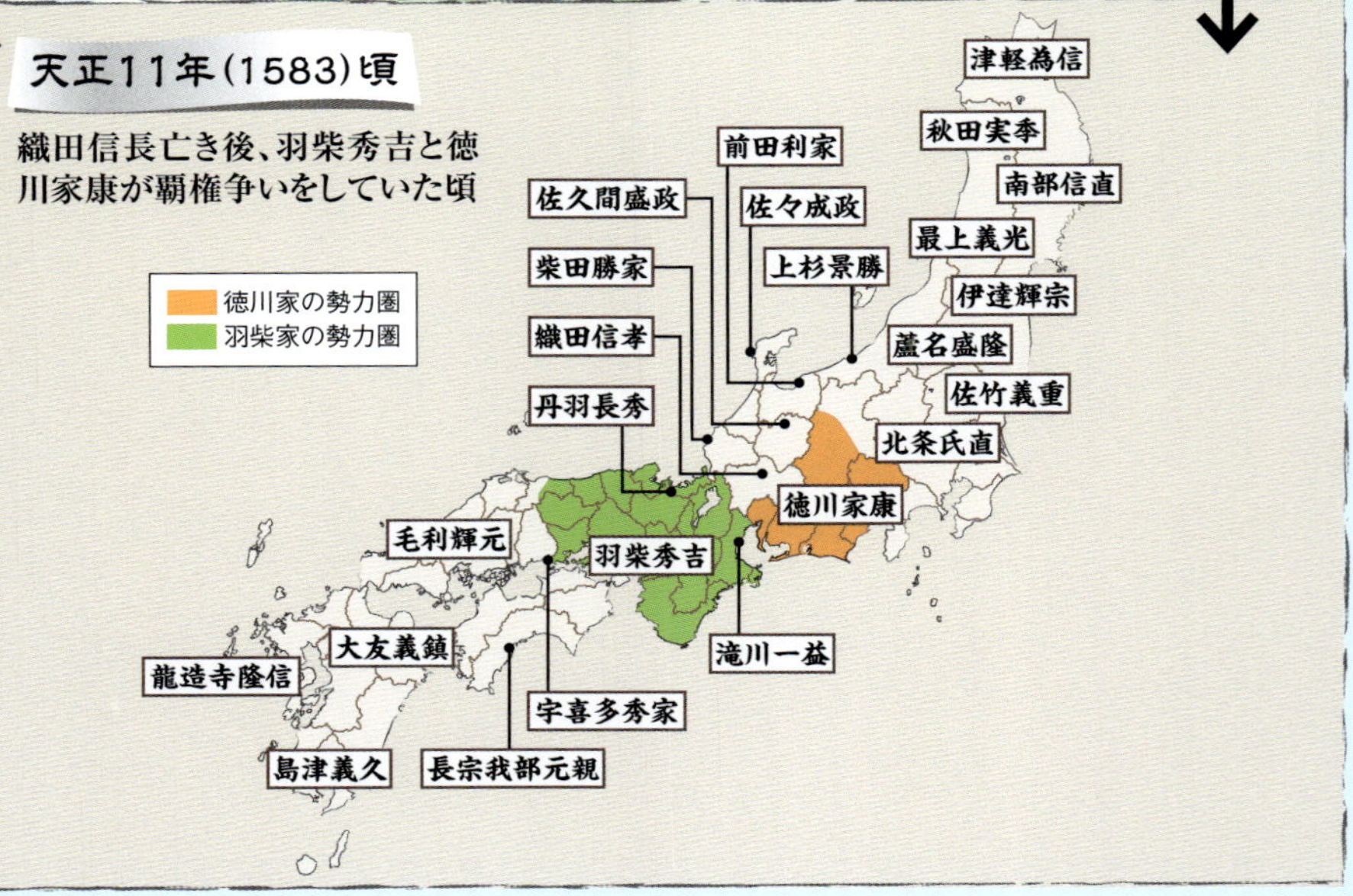

慶長3年(1598)頃

豊臣秀吉が亡くなり、関ヶ原の戦いを目前に控えた頃

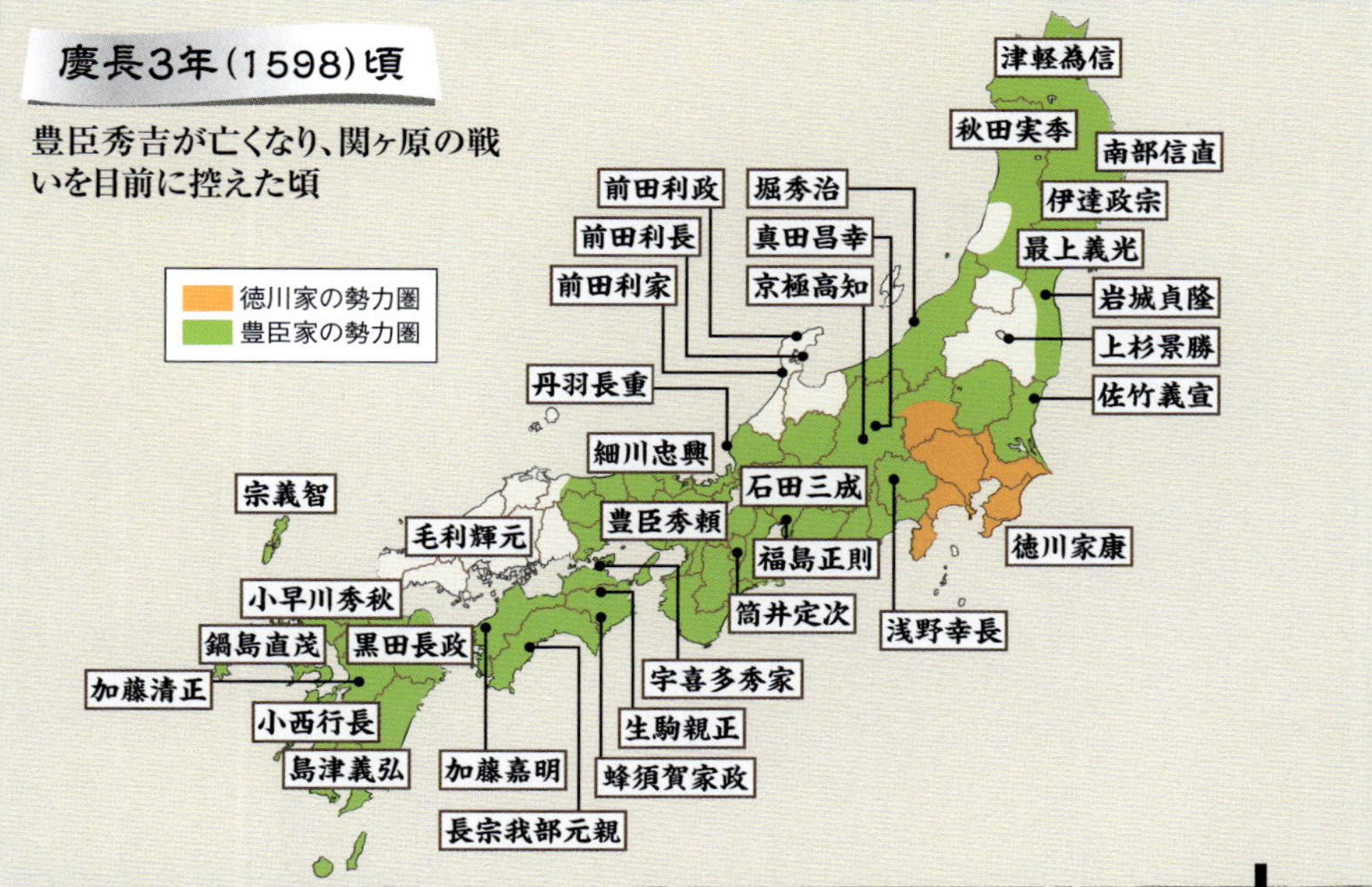

元和3年(1617)頃

徳川家康が大坂の陣で豊臣氏を滅ぼし、太平の時代に入った頃

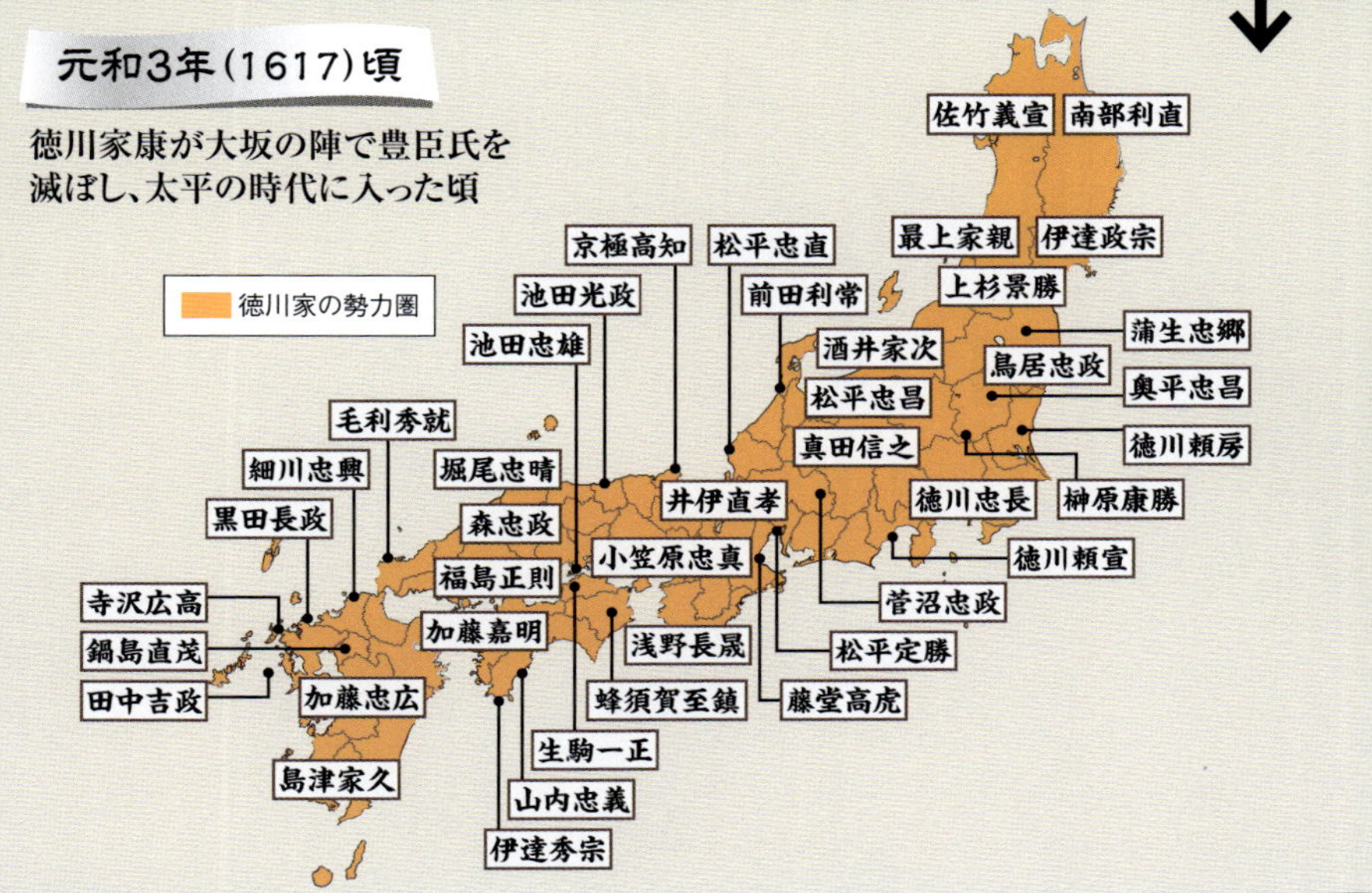

戦国武将の生きた時代

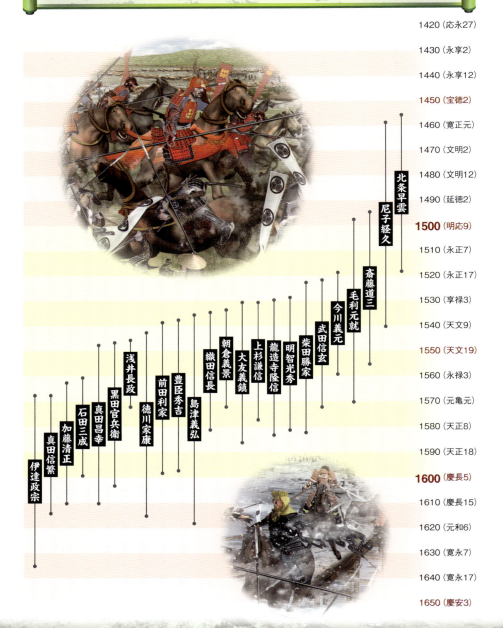

1420（応永27）
1430（永享2）
1440（永享12）
1450（宝徳2）
1460（寛正元）
1470（文明2）
1480（文明12）
1490（延徳2）
1500（明応9）
1510（永正7）
1520（永正17）
1530（享禄3）
1540（天文9）
1550（天文19）
1560（永禄3）
1570（元亀元）
1580（天正8）
1590（天正18）
1600（慶長5）
1610（慶長15）
1620（元和6）
1630（寛永7）
1640（寛永17）
1650（慶安3）

北条早雲
尼子経久
斎藤道三
毛利元就
今川義元
武田信玄
柴田勝家
明智光秀
龍造寺隆信
上杉謙信
大友義鎮
朝倉義景
織田信長
島津義弘
豊臣秀吉
前田利家
徳川家康
浅井長政
黒田官兵衛
真田昌幸
石田三成
加藤清正
真田信繁
伊達政宗

第一章

野戦・海戦

戦いの趨勢を決める野や海での熾烈な対峙

天文15年（1546）
4月20日

河越夜戦《かわごえやせん》

関東支配を目指す北条氏の智謀が光った夜の奇襲

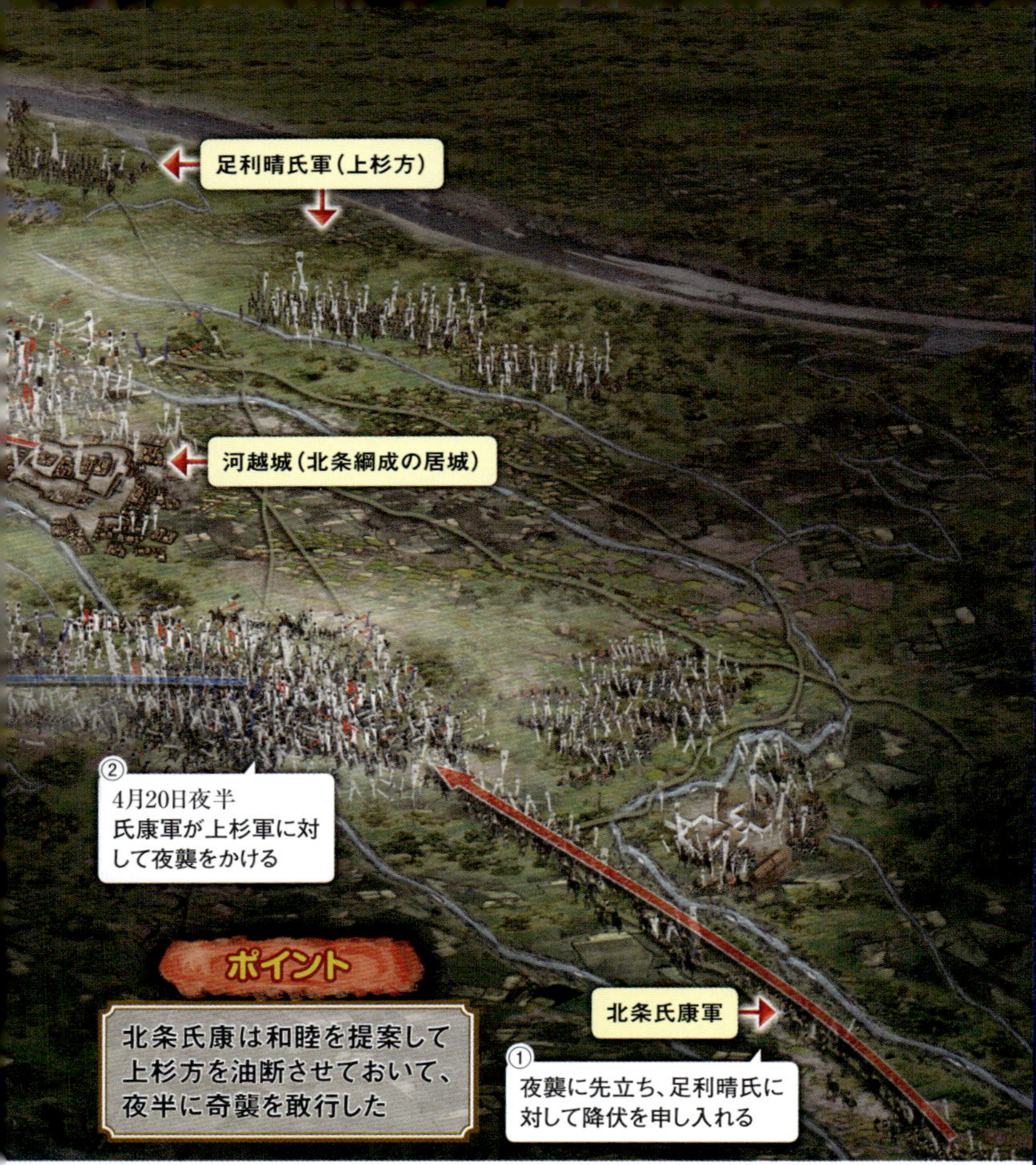
足利晴氏軍（上杉方）
河越城（北条綱成の居城）
② 4月20日夜半
氏康軍が上杉軍に対して夜襲をかける
北条氏康軍
① 夜襲に先立ち、足利晴氏に対して降伏を申し入れる
ポイント
北条氏康は和睦を提案して上杉方を油断させておいて、夜半に奇襲を敢行した

●旧勢力と北条氏による覇権争い

応仁・文明の乱以降、関東では関東管《かん》領《れい》・山内上杉氏と扇谷上杉氏、さらに古河公方の足利氏が勢力争いを展開していた。この三大勢力による関東の覇権争いに、新たに加わったのが北条氏だ。

北条氏は初代・早雲の頃に伊豆と相模を手に入れ、二代・氏綱の時代に武蔵へと進出。天文六年（一五三七）には、扇谷上杉氏の当主・朝定《ともさだ》の居城である河越《かわごえ》城を攻略し、関東全域に勢力を拡大しつつあった。

これに危機感を抱いた山内上杉氏と扇谷上杉氏は、古河公方と手を結び、八万以上の大軍を作り上げる。そして天文十

合戦DATA

北条方 約1万1000
VS
上杉方 約8万5000

武蔵国
（埼玉県川越市）

油断していた上杉方の兵士たちは、北条方の思わぬ夜襲によって総崩れとなった

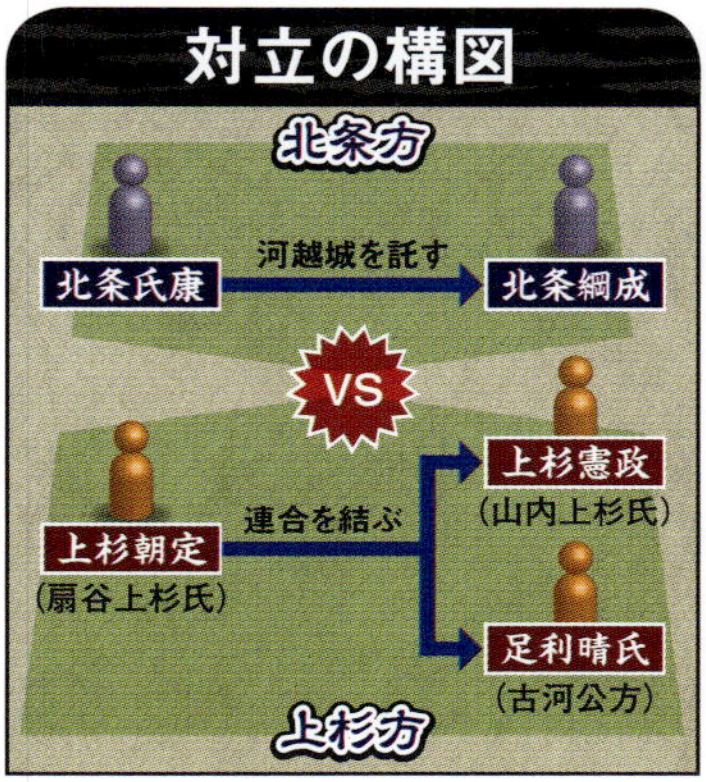

この戦いの意義

河越夜戦の勝利により、北条氏は関東の覇権に大きく近づいた

五年（一五四六）四月、北条氏の関東支配の拠点である河越城を包囲したのだ。

●夜襲によって兵力差を覆す

北条三代・氏康はすぐさま河越城に駆けつけたが、兵力差が大きすぎてどうにもならない。そこで一計を案じ、奇襲に勝機を見出した。

氏康はまず和睦《わぼく》をもちかけ、戦わずに兵を引いた。北条方の弱腰ぶりを見て、上杉方は勝利を確信したが、この油断こそが氏康のつけ入る隙となった。

四月二十日の夜半、氏康は八〇〇〇の精鋭を四つに分け、上杉本陣に討ち入る。夜襲である。不意打ちされた上杉軍は総崩れとなり、大将の上杉憲政《のりまさ》は逃走した。

さらに河越城に籠城《ろうじょう》していた北条綱成《つなしげ》も出陣し、古河公方の軍を敗走させた。

この戦いの結果、旧勢力は力を失い、北条氏は名をあげることになった。

門司城
ポルトガル船からの砲撃により、門司城内は大混乱に陥った
大友軍
毛利軍
毛利水軍

天文23年（1554）
〜
永禄5年（1562）

門《も》司《じ》城《じょう》争《そう》奪《だつ》戦《せん》

外国船の大砲が城を狙う！ 毛利氏と大友氏の海戦

●ポルトガル船が参戦

平安時代には壇《だん》ノ《の》浦《うら》の戦いのような海戦があったが、戦国時代に入るとより本格的な海戦が行なわれるようになった。その代表例の一つとして、中国地方の覇者・毛利氏と北九州の有力大名・大友《おおとも》氏による門司《もじ》城争奪戦があげられる。

門司城を巡る毛利・大友両氏の戦いは、天文二十三年（一五五四）から始まり約一〇年間続いた。

関門《かんもん》海峡の要衝に位置する門司城は当初、大友方の家臣の城だったが、北九州への勢力拡大を狙う毛利元就《もとなり》の三男・小早川隆景《たかかげ》が奪取すると地元の大名である大友氏もすぐに反攻に出て、再び奪い返

合戦DATA

毛利方 不明
VS
大友方 不明

豊前国
（福岡県北九州市）

門司城争奪戦の経過

第1回：天文23年（1554）秋
→毛利方の勝利
第2回：天文23年10月23日
→大友方の勝利
第3回：弘治元年（1555）11月15日
→大友方の勝利
第4回：弘治3年（1557）
→大友方の勝利
第5回：永禄2年（1559）9月26日
→毛利方の勝利
第6回：永禄4年（1561）8月
→毛利方の勝利
第7回：永禄4年10月～11月
→毛利方の勝利
第8回：永禄5年（1562）10月19日
→大友方の勝利

ポイント

大友義鎮は毛利方の門司城を奪還するため、ポルトガル船を味方につけた

CloseUp

ポルトガル船からの砲撃は威力十分。初めて経験する南蛮兵器の威力に、城兵たちの士気は一気に下がった

す。こうした攻防が何度か繰り返された。

なかでもとりわけ熾烈《しれつ》な争いとなったのが永禄四年（一五六一）秋の合戦だ。

このとき、門司城を支配していたのは毛利氏。大友義鎮《よししげ》（宗麟《そうりん》）は城の奪還に燃えていたが、堅固な山城を攻略するのは困難を極めた。そこで義鎮は、ポルトガル船数隻を味方につけ、海上から大砲を撃たせたのである。

門司城は大砲からの攻撃により甚大な被害を受け、落城寸前となる。ところが、ポルトガル船がまもなく姿を消してしまったため、門司城はなんとかもちこたえた。

そして毛利元就が長男・隆元《たかもと》や小早川隆景らとともに援軍にやってくると、海上の水軍と大友軍を挟撃。大友軍は敗退し、門司城奪還はならなかった。

この戦いの意義

門司城は毛利氏の領有となり、毛利氏は関門海峡付近の支配を強めた

天文24年（1555）
9月21日〜
10月1日

厳《いつく》島《しま》の戦い

水軍が勝敗のカギに
中国の雄・毛利元就の出世戦《いくさ》

合戦DATA

毛利方 約4000
VS
陶方 約2万

安芸
（広島県廿日市市）

博奕尾
塔の岡の背後に位置する博奕尾から奇襲をかける毛利軍
宮尾城（毛利方）
塔の岡（陶軍本陣）
村上水軍
ポイント
毛利元就は陶軍を厳島におびき寄せ、海上を水軍によって封鎖。その状態で背後から襲撃をかけ、陶軍に圧勝した

●陶晴賢《すえはるかた》に反旗を翻す毛利元就

「戦国の三大奇襲戦」といわれる戦いがある。先に紹介した河越夜戦（↓18ページ）、織田信長が名をあげた桶狭間の戦い（↓26ページ）、そして毛利氏躍進のきっかけとなった厳島の戦いだ。

当時、毛利氏は安芸の一領主にすぎず、周防《すおう》の大内氏と出雲の尼子氏が中国地方の覇権争いの主役だった。しかし、大内氏の重臣・陶晴賢が謀反を起こすと、晴賢に従っていた毛利元就も天文二十三年（一五五四）に独立を決意、陶氏の拠点を次々に攻略していく。そして天文二十四年（一五五五）には厳島に宮尾城を築き、一大決戦に打って出たのである。

二万の陶軍に対し、毛利軍は四〇〇〇と、数の上では明らかに陶方が有利だった。しかし、元就には秘策があった。

同年九月三十日、陶軍が宮尾城を包囲

②
9月30日深夜～
10月1日朝
暴風雨のなか厳島に上陸した毛利軍本隊は、博奕尾から迂回して陶軍の背後にまわり込む
⑤
10月1日
山と海の両方から攻められた陶軍は総崩れとなり壊滅。晴賢は大江浦で自害した
①
9月21日～
宮尾城は2万といわれる陶軍に包囲されるが、城兵は援軍がやってくるまで耐え抜く

するとその日の夜、元就は暴風雨のなかを厳島へと上陸し、陶軍の背後にまわり込む。さらに元就の三男・小早川隆景も水軍を率いて出撃した。

狭い厳島で毛利軍に挟み撃ちされた陶軍は、大混乱に陥る。集中攻撃を避けるため、多くの兵が海岸へ逃げたが、そこには毛利方の村上《むらかみ》水軍が控えており、脱出することができない。

結局、陶軍は四〇〇〇もの兵を失い、晴賢も自害に追い込まれた。元就の知略による勝利だった。

この戦いの意義

下剋上を成し遂げた毛利氏は大内氏の所領を奪取し、のちに尼子氏も撃破。この戦いが中国地方10ヶ国を領有する大大名への足がかりとなった

戦国こぼれ話

村上水軍

厳島の戦いで重要な役割を担った村上氏は、室町時代から戦国時代にかけて瀬戸内海で活躍した一族。海運交通を担う一方、軍事・政治にも影響力を発揮する海賊のような存在だった。因島・来島・能島の三家のうち、因島村上氏は毛利氏と関係が深く、水軍を率いてたびたび合戦に参加、この戦いのように戦局を大きく左右することもあった。

村上水軍博物館

因島水軍城（尾道市）

武将列伝

毛利元就
（1497～1571）

1代で中国地方のほぼ全域を制覇し、西国一の武将と称えられたのが毛利元就である。幼くして両親を亡くし、苦労の多い幼少期を送ったが、兄や甥が夭折して毛利家の当主になると、天才的な策士ぶりを発揮。名族である吉川氏や尼子氏、陶氏などを策略によって次々に切り崩し、ついには中国地方を制す。そして最後には「三矢の訓（おしえ）」で一族の結束を説き、毛利の命脈を後世につないだ。

永禄3年（1560）
5月19日

桶《おけ》狭《はざ》間《ま》の戦い

大胆な決断が大当たり
信長・天下統一へのデビュー戦

合戦DATA

織田方 約2000
vs
今川方 約2万5000

尾張国
（愛知県豊明市・名古屋市）

ポイント
織田軍は今川軍の本陣へ正面から激突。そのとき今川軍は休憩中で、突然の襲撃に後手後手にまわった
今川軍
織田信長
織田軍は信長の命により、敵の首をとらずにひたすら敵を倒し進んだ

織田氏はまだ小大名で、今川氏は駿河・遠江・三河を領有する東海の雄。その今川氏の当主・義元が西上を開始した

桶狭間古戦場に建っている織田信長（左）と今川義元（右）の像。勢いづく義元を止めたのは、新興勢力の信長だった

●東海地方の新旧両雄対決

一五五〇年代後半、東海地方では今川義元が駿河・遠江《とおとうみ》・三河を領有し、勢力を伸ばしていた。近隣の尾張では織田信長が支配を固めていたが、義元に比べるとまだ小大名にすぎなかった。

そうした状況のなか、義元は永禄三年（一五六〇）に尾張への勢力拡大を狙って動き始める。その目的については、上洛して足利氏に代わる新将軍になるつもりだったとか、単に尾張の一部を領有化するためだったなどと諸説いわれており、真相はわからない。

いずれにせよ、これによって今川氏と織田氏の衝突は避けられない情勢となり、東海の新旧両雄が、かの有名な桶狭間の戦いへ突き進んでいったのである。

義元は天文二十三年（一五五四）、甲斐の武田信玄、相模の北条氏康と甲相駿《こうそうすん》

織田・今川両軍の進軍ルート

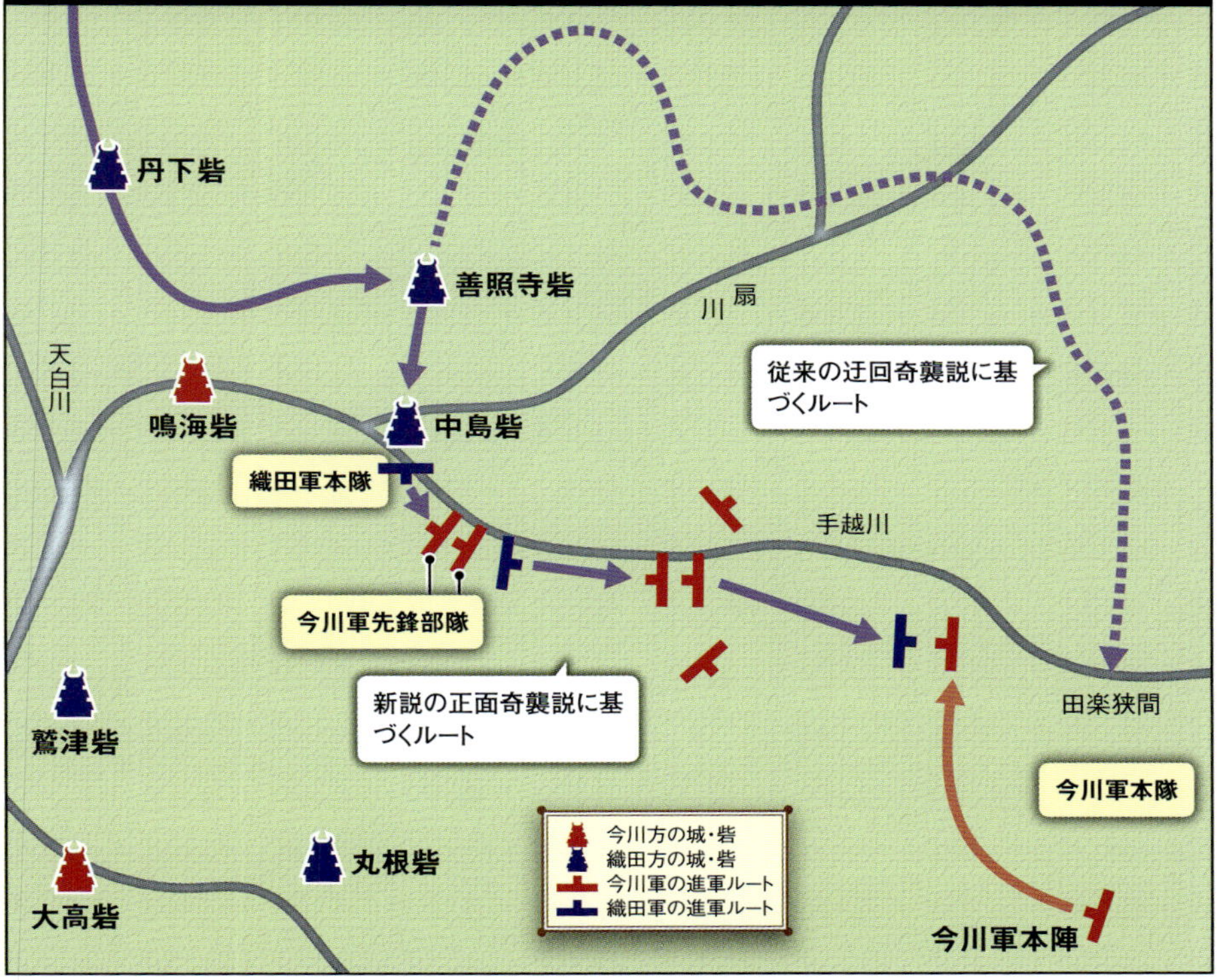

桶狭間の戦いは、織田軍が今川軍を奇襲して大勝した。そのときの織田軍の進軍ルートについて、従来は迂回奇襲説が通説だったが、最近は正面奇襲説が有力視されている

三国同盟を結んでいたため、背後を心配する必要がなかった。また、三河と尾張の国境付近に位置する鳴海《なるみ》城や大高《おおだか》城、沓掛《くつかけ》城などを掌中におさめたことで、ますます勢いを強めていた。

揺るぎない自信をもった義元は永禄三年（一五六〇）五月十日、二万五〇〇〇の軍勢を率いて尾張に進軍し始める。

五月十八日、今川軍は沓掛城に入り、その先鋒が丸根《まるね》砦、鷲津《わしづ》砦を打ち破って緒戦に勝利する。翌朝には義元率いる本隊が中島砦・善照寺《ぜんしょうじ》砦・丹下《たんげ》砦を攻撃するために西へと歩を進めた。そして桶狭間の小高い田楽狭間《でんがくはざま》に着くと、いったん休憩をとることにした。

●籠城か、決戦か

その頃、織田軍は二〇〇〇程度しか動員できず、圧倒的に不利な状況に追い込まれていた。信長が本拠としていた清洲

信長関連年表

天文21年（1552）	父・信秀から家督を継ぐ	元亀4年（1573）	足利義昭を追放、幕府を滅ぼす
永禄3年（1560）	桶狭間の戦いで今川氏を倒す	天正3年（1575）	長篠・設楽原の戦いで武田氏に勝利
永禄10年（1567）	斎藤龍興を倒し、美濃を支配	天正4年（1576）	安土城を築城する
永禄11年（1568）	足利義昭を担いで上洛する	天正5年（1577）	羽柴秀吉を中国地方に派遣する
元亀元年（1570）	姉川の戦いで勝利する	天正10年（1582）	本能寺の変で自刃する

城の城内では衝突を避けて籠城すべきとの声が多数を占めていたといわれる。籠城してやり過ごすか、城から出て玉砕覚悟で戦うか――。

二つの選択肢のなかから、信長は決戦を選んだ。いかにも信長らしい強気の判断といえるだろう。

もちろん、策は考えていた。奇襲をかけ、総大将・義元の首だけを狙うというものである。

●『敦盛』を舞い、いざ出陣！

十九日未明、信長は幸若舞《こうわかまい》の『敦盛《あつもり》』を舞うと、突然、清須城から出陣した。あまりに唐突すぎて、わずか六騎しか従うことができなかったという。

信長は熱田神宮《あつたじんぐう》で兵の到着を待ち、隊列を整えて善照寺砦に進んだ。その後、みずから二〇〇〇の兵を率いて、桶狭間で休憩中の義元本隊の側面に肉薄する。

ポイント

織田軍の速攻により、今川軍は大混乱。義元が討ちとられると、兵士たちは一斉に敗走した

この戦いの意義

東海地方の最大勢力である今川氏を倒したことにより、信長の名は全国に響き渡り、信長は戦国の新たな英雄に躍り出た。信長台頭のきっかけとして、この戦いは歴史にとどめられている

CloseUp

風流な義元は豪華な輿に乗っていたが、織田軍に襲撃されると、それも打ち捨てて一目散に逃げたとされている

そして突然の暴風雨が過ぎ去った正午頃、織田軍は丘陵を駆け上り、義元本隊を急襲したのだ（異説あり→29ページ）。

不意をつかれた今川軍は、たちまち大混乱をきたした。そこを織田軍は義元の首一つを求めて突き崩し、十四時頃、ついに義元を討ちとった。

義元を失った今川軍は総崩れとなり、もはや風前の灯火《ともしび》。生き残った多くの兵は三河方面へと敗走していった。

信長の奇策ともいえる大胆な戦術と、それを実行する行動力。その勝利だった。

武将列伝　今川義元（1519〜1560）

今川氏はもともと守護の家柄で、15世紀末期の氏親の時代に戦国大名となった。義元は氏親の五男。幼くして出家したが、18歳のときに一族間で起こった花蔵の乱に勝利し、家督を継いだ。内政・外交とも優れ、駿河・遠江・三河、さらに尾張の一部をも支配し、今川氏の最盛期を築く。その一方で、歌や蹴鞠を愛する文化人でもあった。「海道一の弓取り」という異名のとおり、できた男だった。

永禄4年（1561）
8月〜9月

川《かわ》中《なか》島《じま》の戦い（第四回）

宿命のライバル・信玄と謙信
激戦を制したのはどちらか？

合戦DATA

武田方 約2万
VS
上杉方 約1万8000

信濃国川中島
（長野県長野市南部）

上杉軍は次から次へと新手が現れる「車懸かりの陣」で攻める
武田軍は「鶴翼の陣」で上杉軍を迎え撃つ
武田軍

CloseUp

信玄と謙信、大将同士の一騎討ち。馬上から斬りつける謙信を、信玄が軍配で防ごうとしている。ただし実際には、一騎討ちはなかったという説もある

ポイント

第4回川中島の戦いでは、八幡原で待ち受ける武田軍を上杉軍が急襲し大激戦に。謙信と信玄の一騎討ちもこのときに行なわれた

②
武田軍の啄木鳥戦法を事前に見抜いた上杉軍は、未明に山を下り、武田軍本隊に襲いかかる
妻女山（上杉軍）
千曲川
ポイント
信玄は上杉軍を挟撃する「啄木鳥戦法」で攻めようとしていたが、謙信に見破られ、失敗に終わった

啄木鳥戦法で攻める信玄

戦国武将の一騎討ちといえば、甲斐の武田信玄と越後の上杉謙信が激突した川中島の戦いが思い浮かぶ。川中島の戦いは天文二十二年（一五五三）から永禄七年（一五六四）まで合計五回に及び、最大の激戦となった永禄四年（一五六一）八月～九月の第四回において、宿命のライバル同士の一騎討ちが行なわれたとされている。

それまで三度の戦いで勝ちらしい勝ちを得られていなかった謙信は、今度こそはと勇んで妻女山《さいじょさん》に布陣した。信玄も負けじと茶臼山《ちゃうすやま》に本陣を置くと、両軍のにらみ合いが始まり、約一ヶ月間も続いた。

均衡を破ったのは信玄だった。九月九日深夜、二手に分かれた軍勢の一方を妻女山の背後にまわし、逃げてきた上杉軍の兵を信玄の本隊が八幡原《はちまんぱら》で迎え撃とうとした。いわゆる「啄木鳥《きつつき》戦法」である。

ところが謙信は、この戦法を察知しており、未明に山を下り、千曲川《ちくまがわ》を渡って、十日午前五時頃には八幡原に布陣した。そして、上杉軍が次から次へと新手が現れる「車懸かりの陣」で攻め立てたのである。このとき謙信が長刀で信玄に斬りつけると、信玄はそれを軍配で防いだと伝わる。

戦局は序盤は上杉軍優位で進んだが、後半は武田軍が挽回した。しかし決着はつかず、痛み分けに終わった。

武田・上杉両軍の動き

妻女山から見た八幡原

この戦いの意義

武田氏・上杉氏は川中島の戦いで大いに疲弊。そのあいだに、織田信長などの新興勢力が台頭することになった

戦国こぼれ話

両雄は戦わず!? 一騎討ち虚構説

戦国合戦において、大将は本陣から軍全体の指揮をとるのが常であり、みずから戦いに参加することはほとんどなかった。そこから、川中島の戦いのハイライトともいえる謙信と信玄の一騎討ちは実際には行なわれておらず、フィクションにすぎなかったのではといわれている。また一方では、一騎討ちを行なったのは別人だったとの説もあり、真相ははっきりしていない。

ポイント

織田・徳川連合軍と浅井・朝倉連合軍の決戦において、数的優位の織田軍は大苦戦を強いられるが、徳川軍の予備軍投入により戦局が逆転した

元亀元年(1570)
6月28日

姉《あね》川《がわ》の戦い

浅井長政許すまじ！ 怒れる信長の復讐戦

戦力比較

織田軍(2万3000)	徳川軍(6000)		浅井軍(8000)	朝倉軍(1万)
織田信長 佐久間信盛 柴田勝家 木下藤吉郎 坂井政尚ら	徳川家康 榊原康政 酒井忠次 石川数正ら	VS	浅井長政 新庄直頼 阿閉貞秀ら	朝倉景健 前波新八郎ら

●浅井と朝倉の挟み撃ち攻撃

永禄十一年（一五六八）、織田信長は十五代将軍・足利義昭を奉じて京に上り、畿内周辺の制圧を進めた。

元亀元年（一五七〇）四月には越前の朝倉義景《よしかげ》を討伐すべく、三万の軍を率いて出陣した。だが朝倉氏の金ケ崎《かながさき》城を攻略し、本拠地・一乗谷《いちじょうだに》に迫ったところで、北近江の浅井長政《ながまさ》に襲われてしまう。

長政は信長の妹・お市の夫で、織田氏とは同盟関係にあった。にもかかわらず、背後から不意打ちしてきたのである。

前方から朝倉軍、後方からは浅井軍に攻められ、挟み撃ち状態に陥った織田軍だったが、殿《しんがり》を務めた木下藤吉郎《きのしたとうきちろう》（のち

合戦DATA

織田・徳川方 約2万9000
VS
浅井・朝倉方 約1万8000

近江国
（滋賀県長浜市）

この戦いの意義

織田信長は裏切り者の義弟・浅井長政に苦戦しながらも、どうにか逆転勝利をおさめた。織田方の戦死者は800を数えたが、浅井方も1700の兵を失い、浅井氏の勢いは大きくそがれた

CloseUp

織田軍が危機に陥ったのを見て、家康は榊原康政の部隊を出撃させる。榊原軍は姉川を迂回して浅井軍の側面から攻撃。この「中入れ」により、浅井軍の進撃は止まった

の豊臣秀吉）の活躍でどうにか窮地を脱し、京まで逃げ帰った。裏切りにあった信長の心中は想像に難くない。

●側面攻撃で局面打開に成功

二ヶ月後、信長は徳川家康とともに報復に出る。作戦は長政の居城・小谷《おだに》城に接近して浅井・朝倉両氏を姉川に誘い出し、野戦に持ち込むというものだった。

六月二十八日、二万九〇〇〇の織田・徳川連合軍と一万八〇〇〇の浅井・朝倉連合軍が姉川を挟んで対峙《たいじ》すると、まもなく一進一退の攻防が展開された。

決死の突撃を敢行してくる浅井軍に、織田軍は第四陣まで崩されるなど大苦戦を強いられたが、側面攻撃で反抗を試みた。その結果、戦局は織田方に傾き、朝倉軍は離脱、浅井軍は小谷城へと撤退した。信長は辛勝ながらどうにか復讐を果たしたのだった。

元亀3年(1572)
12月

三《み》方《かた》ヶ《が》原《はら》の戦い

百戦錬磨の信玄、若き家康を翻弄す!

浜松城:徳川家康の居城
武田軍は浜松城まで進軍しながら攻撃は行なわず、素通りしていく
武田軍

合戦DATA

武田方 約2万5000
VS
徳川・織田方 約1万1000

遠江国
(静岡県浜松市)

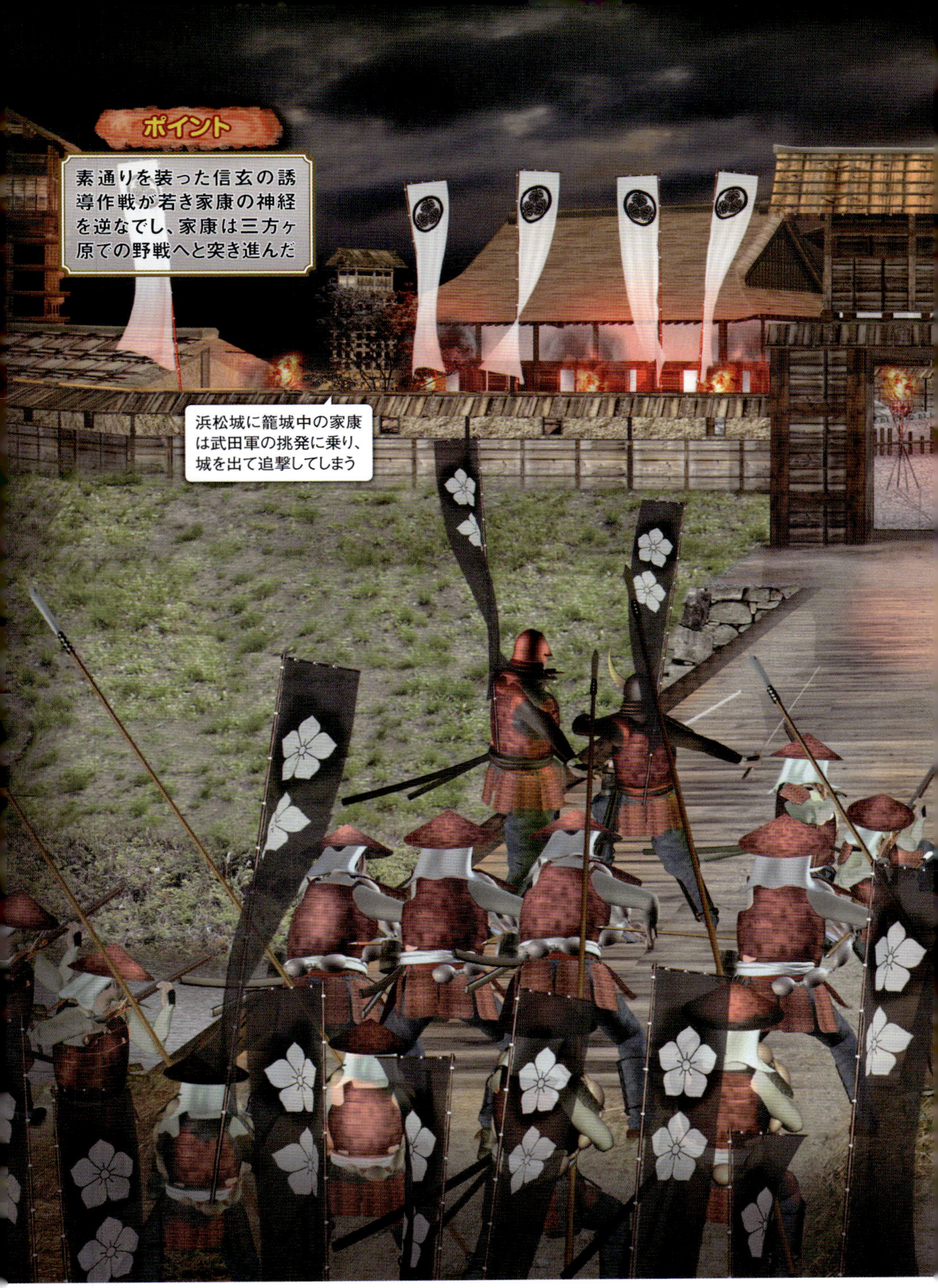
ポイント
素通りを装った信玄の誘導作戦が若き家康の神経を逆なでし、家康は三方ヶ原での野戦へと突き進んだ
浜松城に籠城中の家康は武田軍の挑発に乗り、城を出て追撃してしまう

三方ヶ原の戦いの流れ

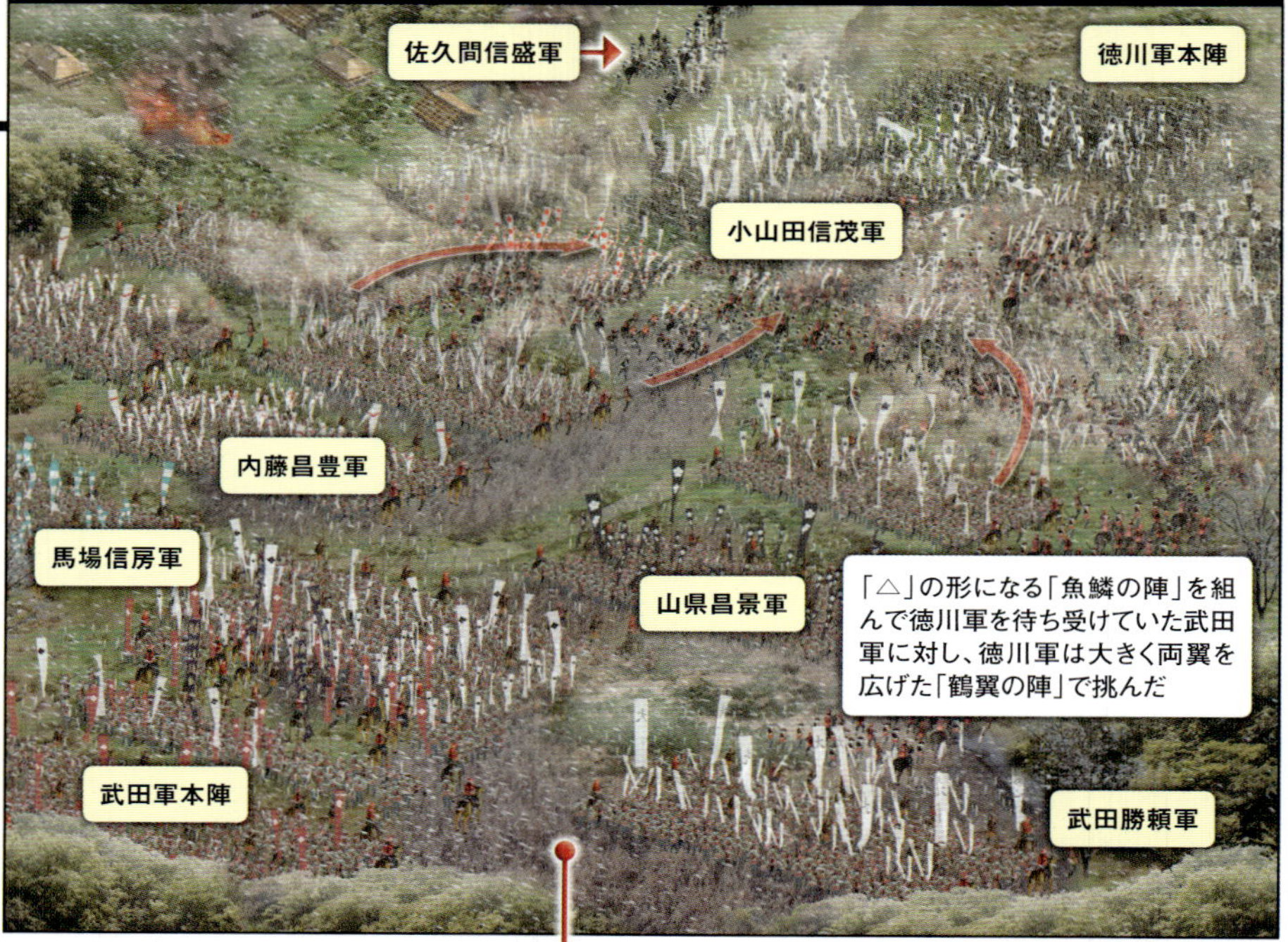

CloseUp

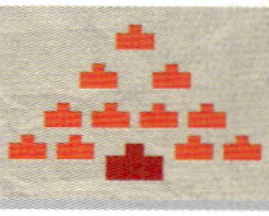

魚鱗の陣は「八陣の法」（→ 70 ページ）と呼ばれる基本陣形の一つ。最前に配置された精鋭部隊を、後方部隊が援護する。突破力を重視した攻撃的な布陣だが、背面からの攻撃には弱い

●敗走途中で脱糞した家康

室町幕府十五代将軍・足利義昭は、織田信長の力で将軍に就任した。しかし蓋を開けてみれば、信長の傀儡《かいらい》政権になっていることに気づいて憤慨。反信長の色を次第に濃くし、信長を倒すべく動き始める。

義昭は甲斐の武田信玄に対して上洛を要請。これに応えるかたちで、信玄が元亀三年（一五七二）秋に西上を開始すると、信長と同盟を結ぶ徳川家康とのあいだで一気に緊張感が高まった。

二万五〇〇〇の軍勢を率いる信玄は、家康の領国の遠江に侵入し、城や砦を次々に落としていく。家康も反撃に出たいところだったが、動員兵力一万一〇〇〇では勝ち目は薄く、居城の浜松《はままつ》城で籠城戦を挑むことにした。

十二月、武田軍は浜松城に接近してく

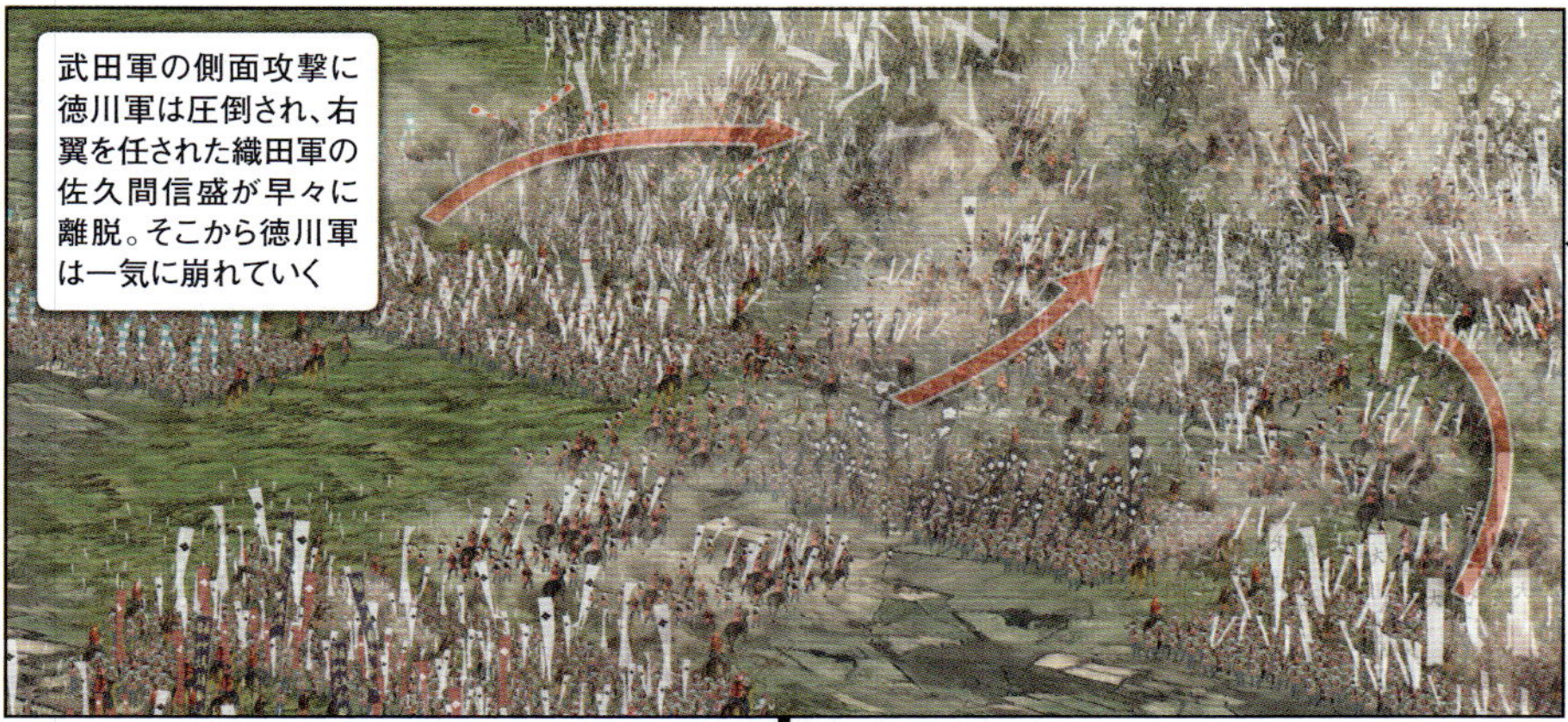
武田軍の側面攻撃に徳川軍は圧倒され、右翼を任された織田軍の佐久間信盛が早々に離脱。そこから徳川軍は一気に崩れていく

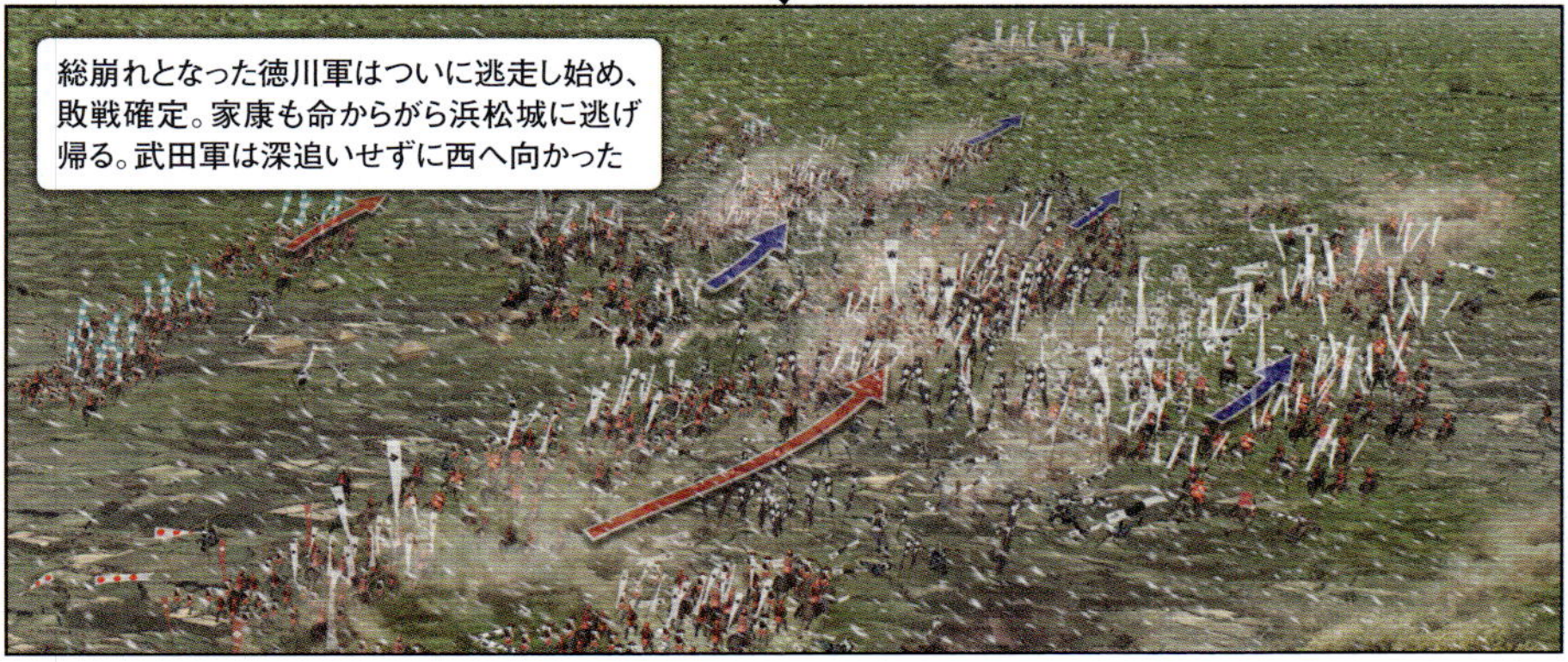
総崩れとなった徳川軍はついに逃走し始め、敗戦確定。家康も命からがら浜松城に逃げ帰る。武田軍は深追いせずに西へ向かった

る。ところが、信玄はそのまま城を通過し、三河に向かい始めた。神経を逆なでされた若き家康は、急いで後を追いかけた。しかし、これは信玄の陽動作戦で、三方ヶ原《みかたがはら》で徳川軍を待ち構えていたのである。

左右に広がる「鶴翼《かくよく》の陣」で背後を狙おうとしていた徳川軍を、武田軍は中央突破する際に有効な「魚鱗《ぎょりん》の陣」で迎え撃つ。その結果、徳川軍はただでさえ少ない兵力を分散させて総崩れとなり、敗走を余儀なくされたのである。

逃走中、家康は恐怖に駆られて脱糞してしまった。結果的になんとか逃げ切ったものの、このときさらした大失態は長く語り継がれることとなった。

この戦いの意義

信玄に完敗した家康は、これを戒めとしてその後の飛躍につなげた。逃走姿を描いた「しかみ像」を常に携帯し、血気にはやらないようにしたともいわれる

連吾川
武田軍
騎馬隊による波状攻撃をかける

天正3年（1575）5月21日

長《なが》篠《しの》・設楽《したら》原《がはら》の戦い

戦国最強の武田の騎馬隊、信長の鉄砲隊に敗れる！

合戦DATA

織田方 約3万5000
VS
武田方 約1万5000

三河国
（愛知県新城市）

ポイント

織田・徳川連合軍は3000挺の鉄砲を三交代で連射する「三段撃ち」を行ない、無敵と恐れられた武田騎馬隊を打ち倒した

長篠・設楽原の戦いの流れ

長篠城跡。大野川と寒狭川の合流点のV字渓谷の断崖上に築かれた堅城で、織田軍が到着するまで攻城戦が行なわれた

武田軍対織田・徳川連合軍

徳川家康は信玄の死後にも、武田氏の脅威にさらされ続けた。天正三年（一五七五）には武田家の家督《かとく》を継いだ勝頼《かつより》が、徳川方に奪われていた長篠城を取り戻そうと、一万五〇〇〇の軍勢を率いて三河へと侵攻してきたのである。

家康が織田信長に援軍を依頼すると、信長は二万以上の軍勢を連れてくる。織田・徳川連合軍の総数は三万五〇〇〇。一万五〇〇〇の武田軍を大きく上まわる戦力に自信を得た信長と家康は、長篠城の西に位置する設楽原を決戦の場として選び、陣を敷いた。

連合軍の動きを知った武田陣営で軍議が開かれると、主戦か撤退かで意見が割れた。山県昌景《やまがたまさかげ》、馬場信房《ばばのぶふさ》ら信玄以来の重臣は撤退を主張したが、勝頼自身が戦うべきだと主張したため、結局、設楽原

馬防柵。織田・徳川連合軍はこの柵を約2キロにわたって構築、さらに堀と土塁も造って内側に鉄砲隊を配備した

へ向かうことになった。いよいよ、長篠・設楽原の戦いの始まりである。

●鉄砲部隊が騎馬隊を殲滅

武田軍は戦国最強とうたわれた騎馬《きば》隊を中心とし、「突撃！」の号令に従って突進を繰り返す。

一方、織田・徳川連合軍は騎馬隊対策として堀や土塁《どるい》、そして馬防柵《ばぼうさく》を設置。さらに当時、新兵器として注目されていた鉄砲をもつ足軽《あしがる》鉄砲隊を組織して騎馬隊を迎え撃った。

鉄砲は一度撃つと、次に発射するまで時間を要するという欠点があった。しかし、信長は三〇〇〇挺の鉄砲を三挺一組とする三段構えの隊形を組み、間断なく射撃できるように工夫したといわれる。

鉄砲の威力はすさまじく、天地を揺るがすような轟音《ごうおん》が炸裂《さくれつ》したかと思うと、武田軍の第一陣を務めた山県昌景隊の兵

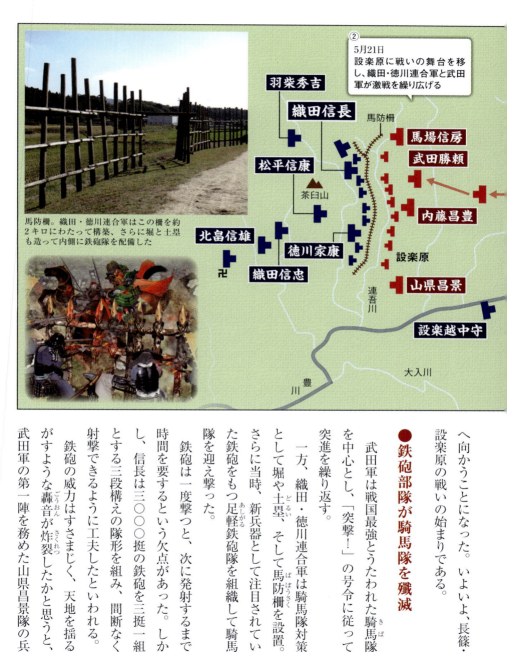

武田騎馬隊は途中で鉄砲の威力に気づいたが、馬防柵に突撃を繰り返した
馬防柵
馬防柵の内側から三段構えの足軽鉄砲隊が狙撃
三段構えの足軽鉄砲隊以外に、歩兵や騎馬隊もバランスよく配置し、武田軍を圧倒
織田・徳川連合軍

は次々に倒れていく。

勝頼の叔父・信廉《のぶかど》による第二陣、小幡《おばた》信貞《のぶさだ》による第三陣も波状攻撃を繰り出したが、新兵器の前には無力で、死骸の山を築くばかりだった。

こうして武田軍は壊滅的な打撃をこうむった。織田・徳川連合軍も数千人規模の戦死者を出したものの、宿敵の武田氏に完勝した。家康も三方ヶ原での失態を挽回できたと思ったことだろう。

●三段構えの射撃はウソ!?

鉄砲の登場以降、合戦は集団戦へと変わっていく。長篠・設楽原の戦いはその意味でも画期的な戦いだったわけだ。

ただし、三段構えの戦法が実際に行なわれたかどうかについては疑問視する意見もある。兵士が密集しているところでスムーズに入れ替わるのは難しいし、体力的にも厳しい。さらに鉄砲が暴発する

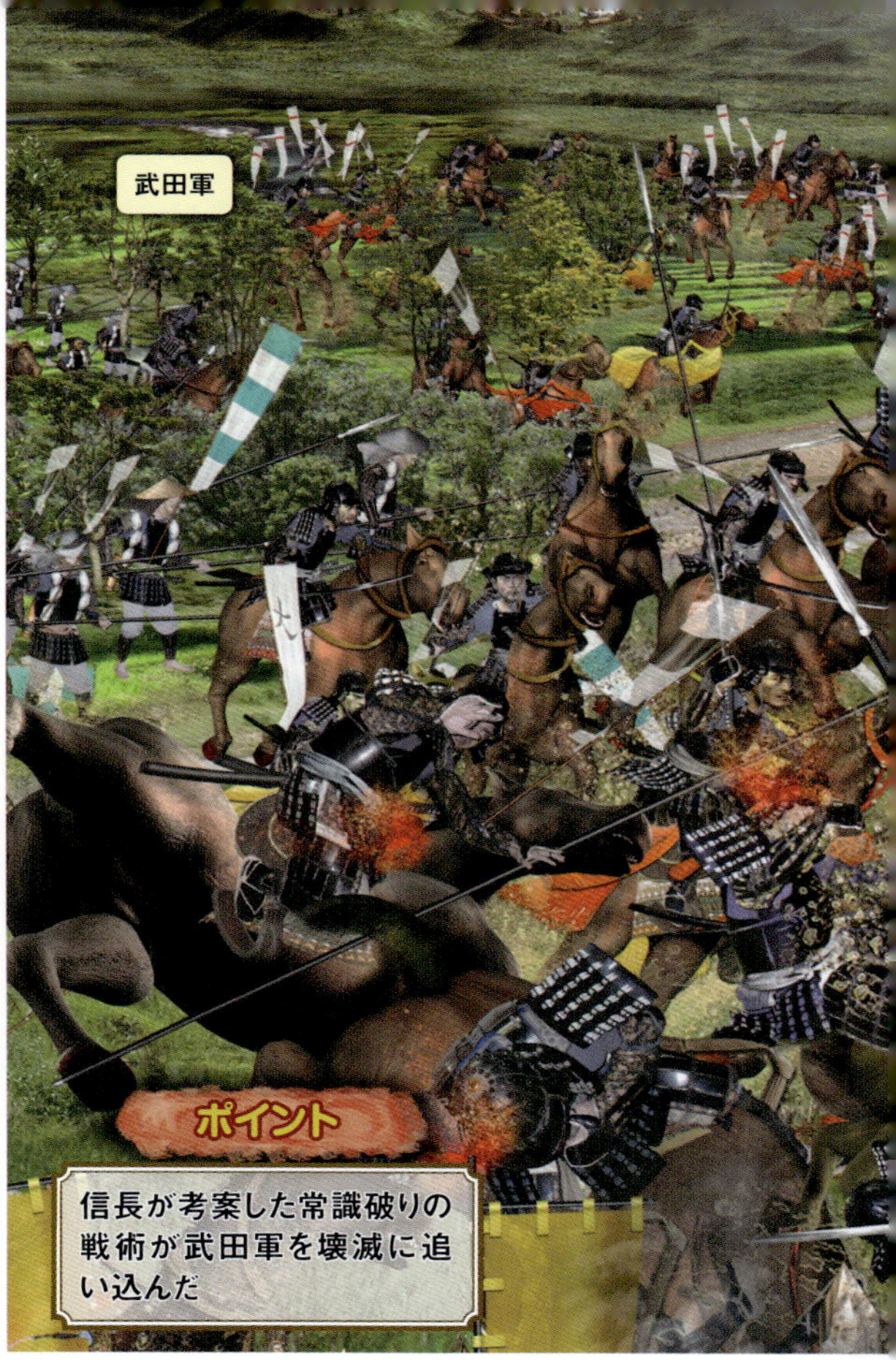
武田軍
ポイント
信長が考案した常識破りの戦術が武田軍を壊滅に追い込んだ

危険性もある。そう考えると、この戦法には無理があるというのだ。

一説によると、三段構えでの射撃は江戸時代の儒学者・小瀬甫庵《おぜほあん》が信長の覇業を記した『信長記』のなかで語ったフィクションにすぎず、本当の勝因は家康の家臣・酒井忠次《さかいただつぐ》の部隊による奇襲作戦が成功したからではともいわれている。

真相は不明だが、この合戦で織田・徳川連合軍が勝って勢いづき、敗れた武田氏が滅亡への道を転げていったのは間違いのない事実である。

戦国こぼれ話

戦国時代の馬はポニーだった!?

馬に乗って駆けまわる武士の姿は、戦場の華といえる。しかし、戦国時代の馬はサラブレッドのようなスタイル抜群の馬ではなく、それよりもひとまわり小さいポニーのような馬だった。ただ、戦国の人々の身長はいまよりも20センチ近く低かったため、人馬のバランスはそれほど変わらなかった。

国産馬の代表格である木曽馬

この戦いの意義

甲州の実力者である武田氏を破った信長は、天下統一にぐっと近づいた

武将列伝

武田信玄
(1521〜1573)

武田氏は信玄の父・信虎の時代に甲斐を統一し、信玄の時代になると信濃・駿河・遠江・上野などに領国を有する大大名へと発展した。「甲斐の虎」と呼ばれる信玄は川中島で上杉謙信と死闘を繰り広げ、三方ヶ原では若き徳川家康を破っている。甲州法度という分国法を制定したり、信玄堤の名で知られる治水工事を行なうなど、領国経営もぬかりない。天下人となってもおかしくない大名だった。

天正4年（1576）
～
天正6年（1578）

木《き》津《づ》川《がわ》口《ぐち》の戦い

頑強な鉄甲船が登場！
戦国最大級の海戦

ポイント

織田水軍は、6隻の巨大な鉄甲船を用いて毛利方の村上水軍に圧勝。大坂湾の制海権を掌中におさめた

合戦DATA

織田方 不明
VS
毛利方 不明

摂津国
（大阪府大阪市）

織田水軍の鉄甲船
村上水軍(毛利方)の軍船

織田水軍vs毛利水軍（第二次木津川口の戦い）

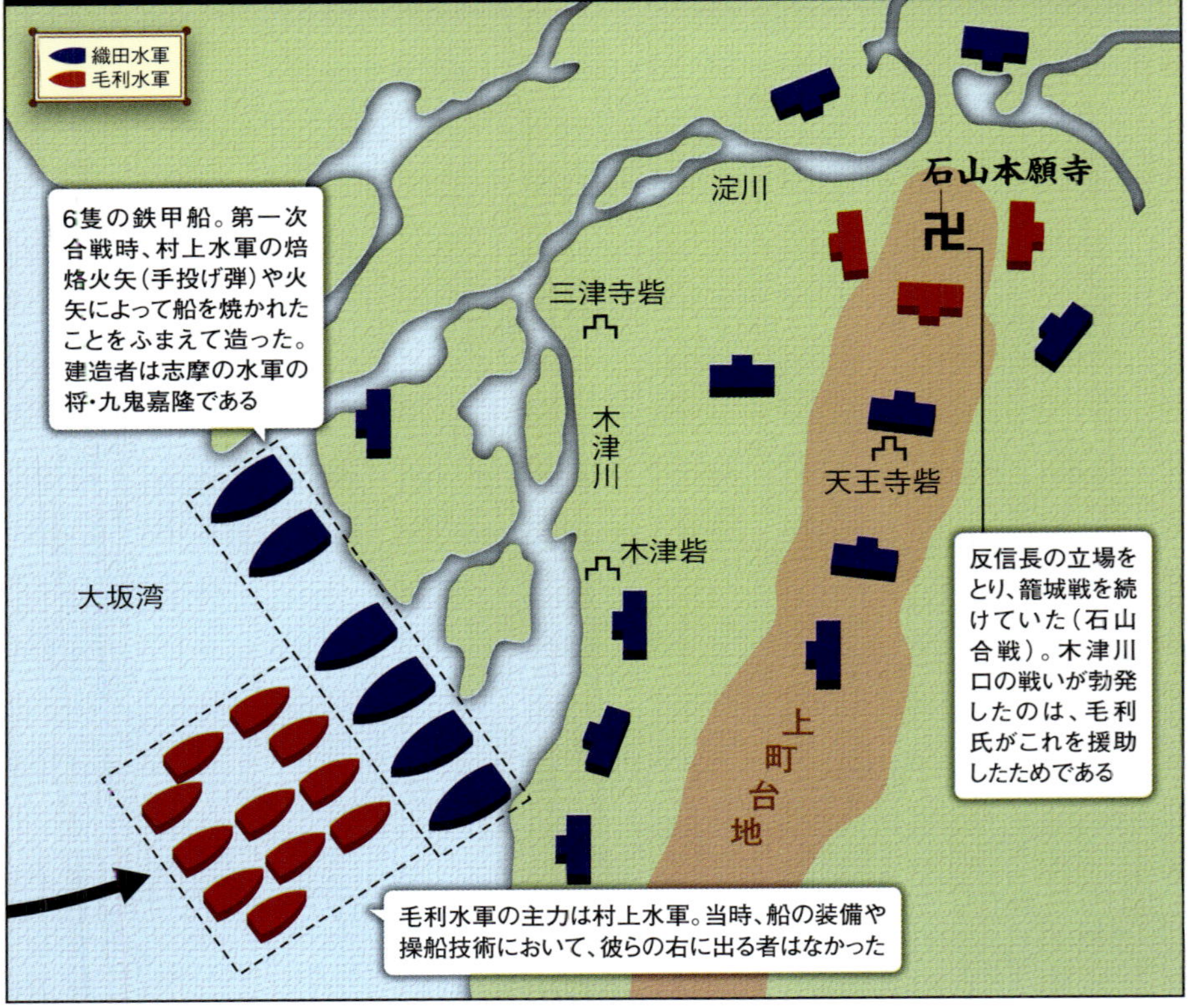

●村上水軍に翻弄された信長

浄土真宗《じょうどしんしゅう》中興の祖・蓮如《れんにょ》が建て、同宗本願寺教団の本山として発展した石山本願寺。ここは「寺」とはいうものの城郭としての性格が強く、柵や堀、櫓《やぐら》などで防御を固めた難攻不落の施設だった。

織田信長とは元亀元年（一五七〇）に移転問題でもめてから対立を続け、天正四年（一五七六）には大坂湾の木津川口で大規模な海戦を繰り広げた。これを第一次木津川口の戦いという。

籠城戦を展開する本願寺十一世・顕如《けんにょ》に対し、信長は五月に兵糧《ひょうろう》攻めを実施。本願寺方の毛利氏が村上水軍を使って武器や食糧を届けようとすると、織田方も水軍を編成して海上封鎖を行なった。

両軍の戦力は村上水軍六〇〇艘に対し、織田水軍三〇〇艘。数でも装備でも操舵力でも勝る村上水軍は、織田水軍を圧倒。織田方の船は毛利軍の放つ火矢や、手榴弾のように炸裂する焙烙《ほうろく》火矢（手投げ弾）を浴びて次々と炎に包まれた。

●巨大戦艦で雪辱を果たす

第一次木津川口の戦いから二年後、信長は再び村上水軍とあいまみえる。第二次木津川口の戦いである。

六〇〇艘の船団で石山本願寺に救援物資を届けようとする毛利氏に対し、信長は「鉄甲船《てっこうせん》」と呼ばれる全長約二二メートルの巨大戦艦六隻で対抗。その名のとおり、船体に鉄板が施されている屈強な鉄甲船は、村上水軍の火矢をまったく寄せつけず、大砲で次々に敵の船を沈めていく。信長は見事、雪辱を果たしたのだ。

戦勝により、信長は大坂湾の制海権を獲得する。一方、補給路を断たれた石山本願寺は朝廷の斡旋《あっせん》で講和を受け入れ、顕如や門徒衆は寺を去ることとなった。

鉄甲船・大解剖

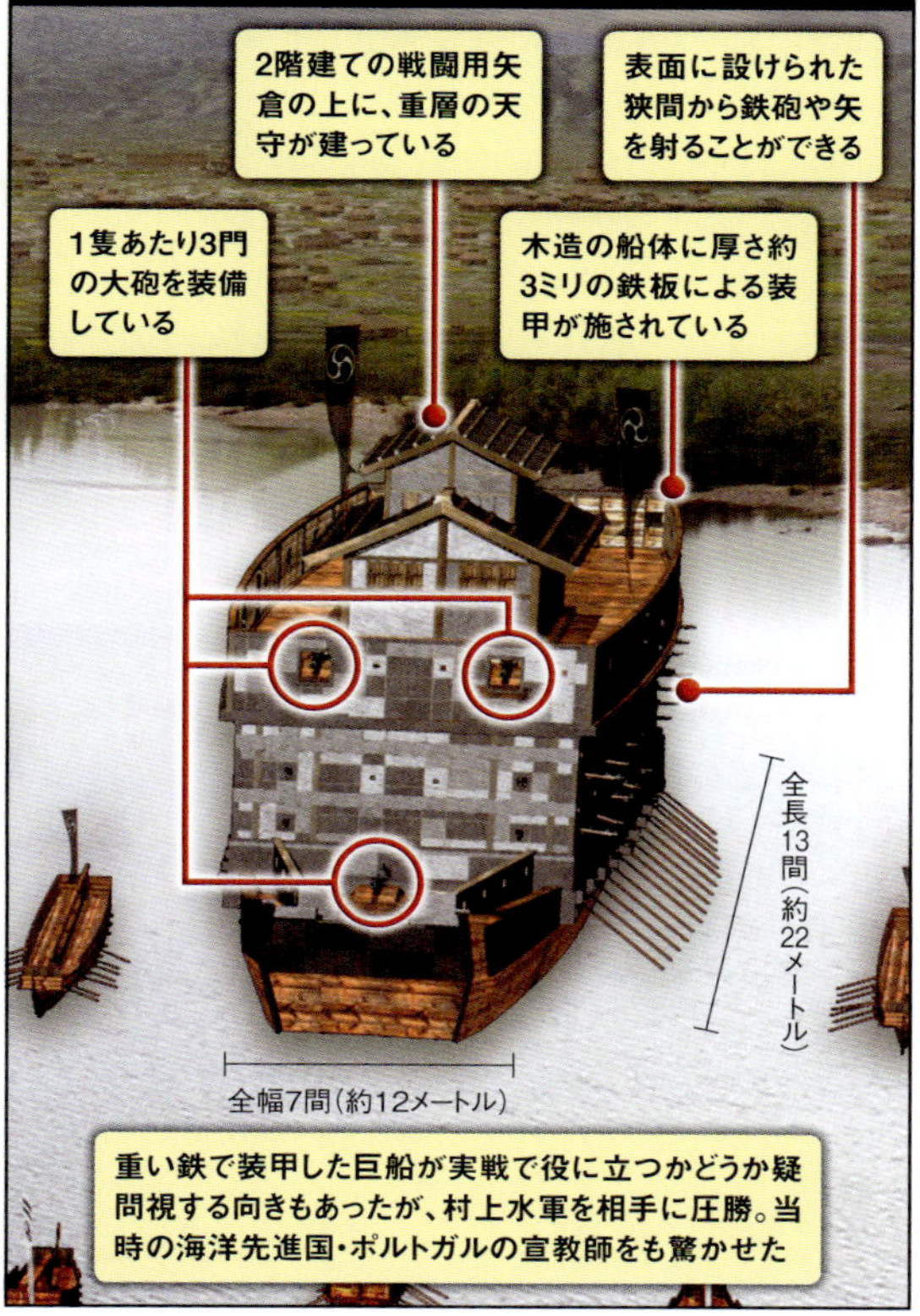

2階建ての戦闘用矢倉の上に、重層の天守が建っている
表面に設けられた狭間から鉄砲や矢を射ることができる
1隻あたり3門の大砲を装備している
木造の船体に厚さ約3ミリの鉄板による装甲が施されている
全長13間（約22メートル）
全幅7間（約12メートル）

重い鉄で装甲した巨船が実戦で役に立つかどうか疑問視する向きもあったが、村上水軍を相手に圧勝。当時の海洋先進国・ポルトガルの宣教師をも驚かせた

村上水軍の軍船

小早
安宅船
関船

数百人が乗船可能な安宅船、機動力に優れた小型の小早、護衛用の関船などがある。第一次合戦では焙烙火矢などで完勝したが、第二次合戦では鉄甲船の前になすすべなく敗れた

この戦いの意義

最大の宗教一揆であった石山合戦が終結したことにより、全国各地の宗教一揆が激減した。また、この戦いが本願寺の東西分裂のきっかけにもなった

日向灘
小丸川（旧高城川）
大友軍
島津軍
島津軍は伝家の宝刀「釣り野伏せ」を使い、大友軍と激戦を繰り広げる

天正6年（1578）
11月9日～12日

耳《みみ》川《かわ》の戦い

島津の「釣り野伏せ」が炸裂
九州の覇権を占う一戦

合戦DATA

島津方 約2万5000
vs
大友方 約4万

日向国
（宮崎県木城町）

ポイント

兵力に劣る島津軍は、囮（おとり）を使って敵を包囲する戦術を用い、大友軍を敗走させた

島津軍本隊
島津軍伏兵
島津軍先発隊
大友軍
島津義久が考えた包囲戦術「釣り野伏せ」により、大友軍は大打撃を受けた

●勢いづく薩摩の島津

織田信長が破竹《はちく》の勢いで支配域を拡大し続けていた頃、九州では薩摩の島津氏、豊後《ぶんご》の大友氏、肥前《ひぜん》の龍造寺《りゅうぞうじ》氏が九州統一を目指してしのぎを削っていた。

天正六年（一五七八）には、島津氏と大友氏とのあいだで今後を占う一大決戦が行なわれた。耳川の戦いである。

当時、九州の最大勢力であった大友義鎮（宗麟）は、日向《ひゅうが》の伊東氏などを制圧して勢いづく島津義久《よしひさ》に脅威を感じ、島津打倒へと動きだす。

十月、義鎮は四万もの軍勢を率いて島津方の最前線である高城を攻撃した。十一月になると島津家久率いる援軍が高城に入ったが、数の上では島津方の分が悪く、籠城の構えをみせた。

これに対し、大友軍が十一月十二日に島津勢に襲いかかると、島津氏の伝家の

島津軍の釣り野伏せ

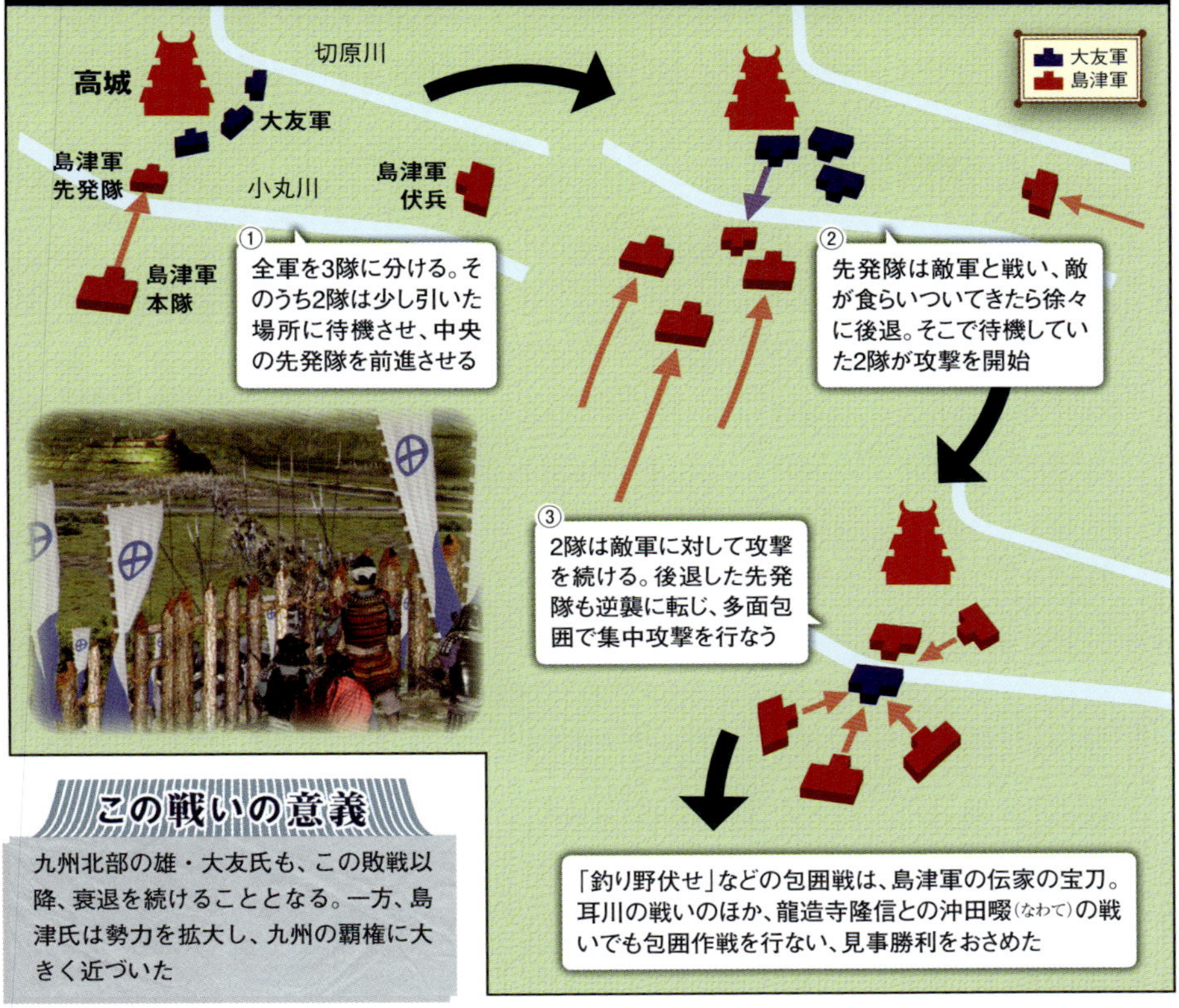

この戦いの意義

九州北部の雄・大友氏も、この敗戦以降、衰退を続けることとなる。一方、島津氏は勢力を拡大し、九州の覇権に大きく近づいた

宝刀「釣り野伏せ」が炸裂する。島津軍が防戦しながら退却し始めると、大友軍はここぞとばかりに攻撃を開始。そこを三つに分かれた義弘、以久《もちひさ》、義久の各部隊が挟み込み、総攻撃をかけたのである。

まんまと策にはまった大友軍は総崩れとなり、退却途中に耳川で追撃を受け、多くの死者を出した。

惨敗の報《しら》せを聞いた義鎮と側近は激しく動揺して豊後へ逃げ帰った。これ以降、大友氏の威信は地に落ち、島津氏が九州の覇者へと歩を進めていったのである。

武将列伝 島津義弘
(1535〜1619)

鎌倉時代から続く名門・島津氏は、16代当主・義久の時代に九州の覇者となった。その覇業に大きく貢献したのが義久の弟・義弘だった。義弘は武勇に優れ、外科医学にも通じていた文武兼備の知将で、義久の後継として島津家を統率。朝鮮出兵の際には「鬼」と呼ばれるほどの強さを見せつけた。また関ヶ原の戦いでは1500ほどの兵で敵中突破を敢行し、その胆力には敵も舌をまいた。

天正10年（1582）6月13日

山崎《やまざき》の戦い

忠臣・秀吉と裏切り者・光秀「天王山」で相対す

秀吉の中国大返し

●中国攻めから帰還した秀吉

天正十年（一五八二）六月二日、織田信長は天下統一を目前にしながら、家臣の明智光秀によるクーデター、本能寺の変（→104ページ）で倒れた。

この緊急事態に素早い対応をとったのが羽柴秀吉。秀吉は備中高松城の戦い（→102ページ）をすぐに終結させ、変から四日後に京へ向かう。そして六月十三日、山城・摂津《せっつ》の境に位置する山崎口で、裏切り者の光秀と激突したのだ。

山崎の戦いにおける兵力は、羽柴方四万、明智方一万三〇〇〇と、羽柴方が圧倒的に有利な状況にあった。秀吉が池田《いけだ》恒興《つねおき》、高山右近《たかやまうこん》、丹羽長秀《にわながひで》といった織田

合戦DATA

羽柴方 約4万
vs
明智方 約1万3000

山城国
（京都府乙訓郡）

羽柴軍本陣
淀川
衝突する羽柴軍と明智軍。当初は明智軍優位だったが、羽柴軍の部隊が迂回攻撃を行なうと戦局が一変した
ポイント
羽柴軍の勝利の鍵は黒田官兵衛が占拠した天王山。この山をいち早くとったことで、羽柴軍の優位が決まった

家に仕える諸将を団結させたのに対し、光秀は筒井順慶《つついじゅんけい》や細川忠興《ただおき》に協力を拒まれるなどして十分に態勢を整えられなかったのだ。

序盤こそ明智方が優勢だったが、あっという間に形勢逆転。羽柴方の反撃により、光秀は勝竜寺城《しょうりゅうじ》へ後退を余儀なくされる。そして、いったん本拠の坂本城へ戻り再起をはかろうとしたが、その途中に小栗栖《おぐりす》で農民の落武者狩りにあい、竹槍で殺されたといわれる。光秀の天下は一〇日程度で終わったのである。

この戦いの意義

山崎の戦いで光秀を倒した秀吉が、信長の後継者候補の一番手に躍り出た。秀吉にとっては、彼の時代の幕開けともいえる重要な戦いとなった

戦力比較

羽柴軍(約4万)		VS	明智軍(約1万3000)	
羽柴秀吉	羽柴秀長		明智光秀	明智茂朝
黒田官兵衛	高山右近		阿閉貞秀	斎藤利三
池田恒興	丹羽長秀ら		柴田勝定	諏訪盛直ら

戦国こぼれ話

根強く囁かれる明智光秀生存説

光秀は山崎の戦いでは死なず、天海という高僧になったとの説が古くから伝わっている。天海は江戸時代に徳川家康の相談役として活躍した天台宗の僧。一説によると敗戦後、光秀は比叡山に逃げ、比叡山傘下の川越の喜多院で家康に出会ったとされる。眉唾(まゆつば)の話だが、光秀の謎めいた経歴や人物像が生存説に信憑(しんぴょう)性を付与することになっているようだ。

天正11年（1583）
4月20日〜24日

賤《しず》ケ《が》岳《たけ》の戦い

秀吉か柴田勝家か!?
信長の後継者争い

前田利家の裏切りで一気に不利になり、総崩れとなる
柴田勝家軍
岩崎山砦
大岩山砦
「美濃大返し」で大垣から賤ヶ岳に戻り、柴田勝家と相対する
羽柴秀吉軍

合戦DATA

羽柴方 約5万
vs
柴田方 約3万

近江国伊香郡
（滋賀県長浜市）

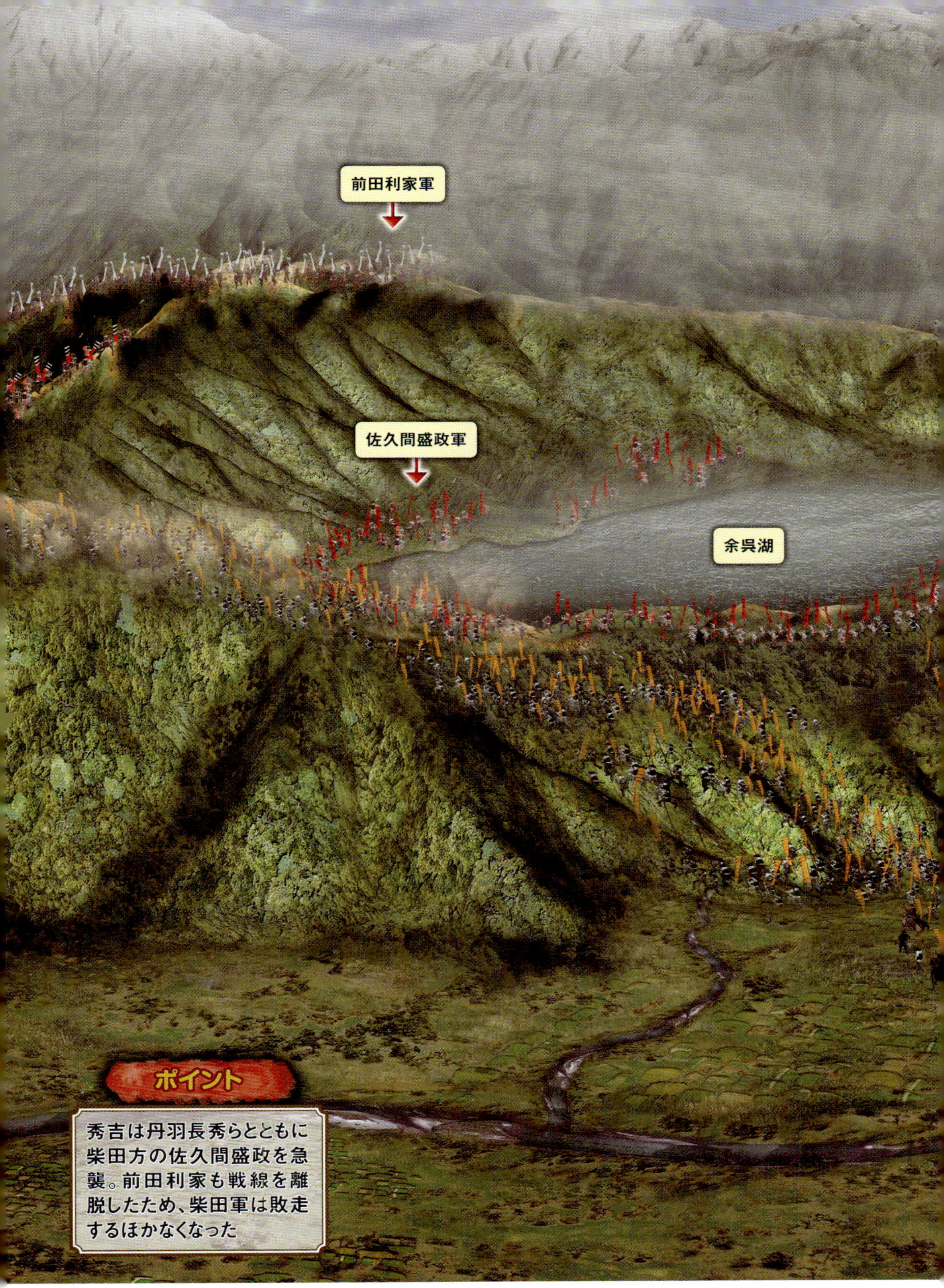

ポイント

秀吉は丹羽長秀らとともに柴田方の佐久間盛政を急襲。前田利家も戦線を離脱したため、柴田軍は敗走するほかなくなった

賤ヶ岳までの行軍ルート

●信長の後継者は誰か

羽柴秀吉は明智光秀を討ったことにより、織田信長の家臣のなかで筆頭格に躍り出た。天正十年（一五八二）六月二十七日には、信長の後継者と領土配分を決める清洲会議が開かれたが、ここでも秀吉が主導権を握り、信長の長男・信忠《のぶただ》の遺児である三法師《さんぼうし》を後継ぎに推挙した。

当時、三法師はわずか三歳だった。三法師が後継ぎになれば、秀吉が後見人として傀儡政治を行なうであろうことは目に見えていた。

これに反対したのが織田家筆頭家老の柴田勝家だった。勝家は後継者候補の一人、信長の三男・信孝《のぶたか》とともに、秀吉を討つことを画策したのである。

●五十数キロを五時間で疾駆

十二月、勝家の動きを察知した秀吉は、

信長の遺領配分（清洲会議後）

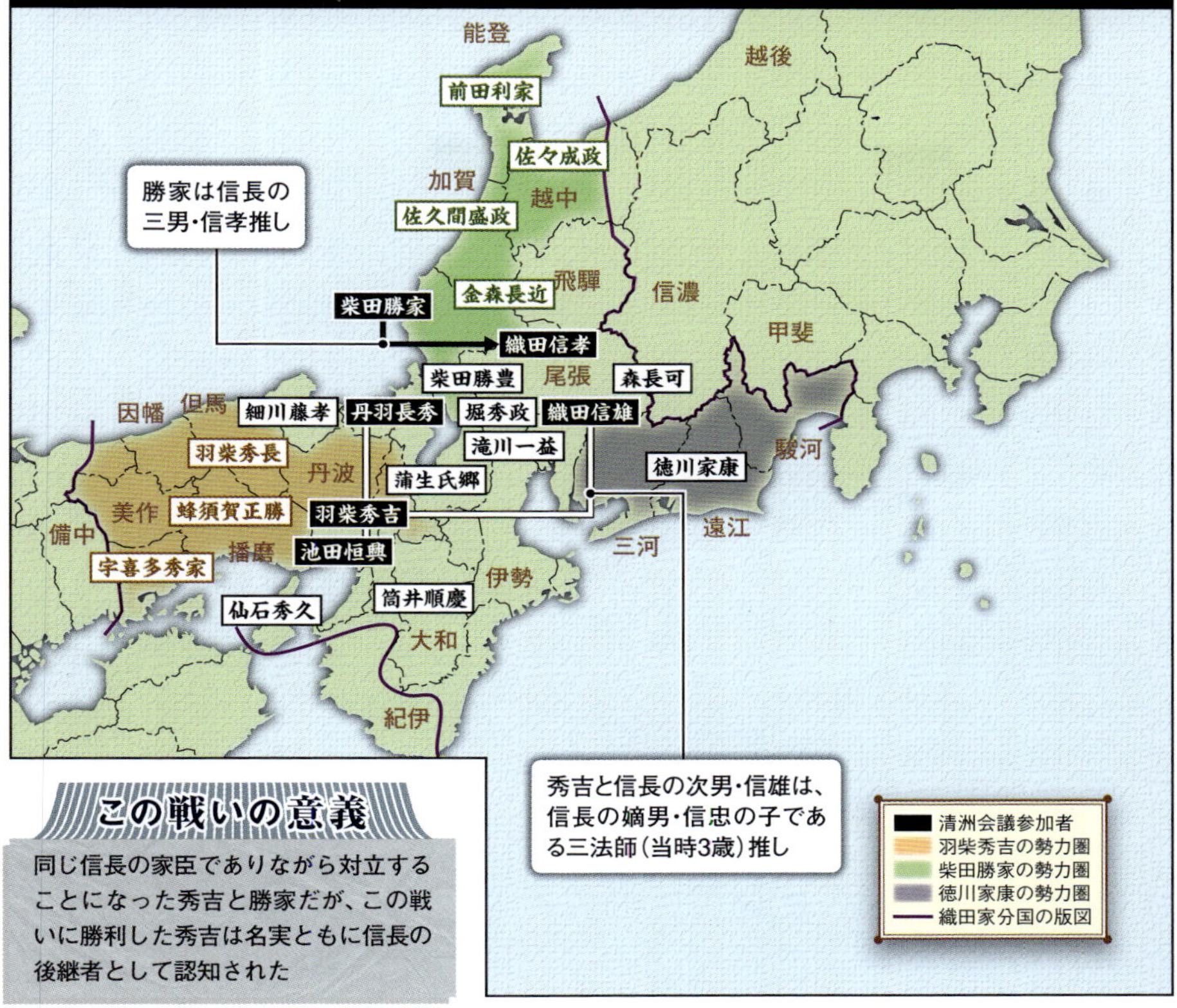

この戦いの意義

同じ信長の家臣でありながら対立することになった秀吉と勝家だが、この戦いに勝利した秀吉は名実ともに信長の後継者として認知された

柴田氏の居城である長浜《ながはま》城を攻め、次に信孝の岐阜城も攻撃した。

これに対して勝家は天正十一年（一五八三）三月、前田利家《まえだとしいえ》や佐久間盛政《さくまもりまさ》ら三万の軍勢を率いて出陣し、琵琶湖の北岸・賤ヶ岳《しずがたけ》一帯で羽柴方とにらみ合う。

四月、織田信孝再決起の報せを聞いた秀吉が岐阜城へ向かうと、柴田方の佐久間盛政は大岩山砦に奇襲をかけ、戦局を有利に進めた。

ここで秀吉は、岐阜から賤ヶ岳まで五十数キロの距離をわずか五時間で戻ってくる。いわゆる「賤ヶ岳の一騎駆け」だ。

秀吉の本隊が盛政の軍勢を倒すと、「賤ヶ岳の七本槍」と呼ばれる福島正則《ふくしままさのり》、加藤清正《かとうきよまさ》ら七人の武将の活躍もあって柴田軍を蹴散らした。勝家は北庄《きたのしょう》に落ち延びたが、城を包囲されて自害した。

この賤ヶ岳の戦いの勝利は、秀吉の天下統一への道を決定づけた。

天正13年（1585）
11月17日

人《ひと》取《とり》橋《ばし》の戦い

奥州の覇者・伊達政宗
反伊達連合軍に大苦戦

ポイント
伊達軍は圧倒的な数的不利にもかかわらず、反伊達連合の猛攻に耐え切った
伊達軍本陣

●父の死の報復の二本松城攻め

伊達家の家督を父・輝宗《てるむね》から十八歳で継いだ政宗は、その翌年の天正十三年（一五八五）に奥羽制覇を目指して小領主が乱立する会津《あいづ》地方に侵攻した。

そして二本松《にほんまつ》城の畠山義継《はたけやまよしつぐ》に所領明け渡しを迫ったが、義継は輝宗を人質にして逃亡し、政宗の目の前で父を殺害する。

怒りに燃える政宗は義継を討ち、さらに二本松城に残る義継の子・国王丸《くにおうまる》をも攻めた。しかし政宗の敵は、幼い当主と家臣だけではなかった。伊達家に脅威を感じた領主らが反旗を翻し、連合軍を結成して向かってきたのである。

名家として知られ、ひときわ大きな勢

合戦DATA

伊達方 約7000
vs
蘆名・佐竹方 約3万

陸奥国
（福島県安達郡）

力を誇る蘆名《あしな》家に、常陸《ひたち》の佐竹義重《さたけよししげ》が加わった兵力は総勢三万。一方、伊達家の兵力は七〇〇〇程度だった。

●果敢に人取橋を守った伊達軍

十一月十七日、両者は青田原《あおたがはら》で激突する。ここは河川が両陣営のあいだに流れており、橋の奪取が戦況に影響する。瀬戸川にかかる人取橋《ひととりばし》が特に重要だった。

まず人取橋近くで伊達軍の先鋒が佐竹軍と衝突、さらに伊達軍本隊よりも手前の高倉城から別部隊が連合軍を迎え撃つ。しかし、兵力差により戦況は相変わらず不利で、政宗も矢玉を受けた。

この伊達軍の窮状のなかで獅子奮迅《ししふんじん》の働きをみせたのが、政宗の従弟の成実《なりざね》と、戦歴豊かな老将・鬼庭良直《おにわよしなお》。成実は阿武《あぶ》隈川《くまがわ》沿いから本隊の脇を狙う連合軍を食い止めた。伊達軍の殿を務めた良直は後先を顧みず敵中に飛び込み、命と引き換

この戦いの意義

政宗は主力が去って孤立した二本松城を落城させ、勢力を拡大。その4年後には摺上原(すりあげはら)の戦いで蘆名氏を倒し、奥州の覇権に近づいた

CloseUp

73歳の老将・鬼庭良直と政宗の従弟・伊達成実が人取橋へ突撃、良直は壮絶な討ち死にを遂げ、若き政宗はほうほうの体で逃げ延びた

えに本隊立て直しの時を稼いだ。

政宗は翌日も再戦する覚悟で兵を鼓舞したが、劣勢を覆すことは困難と思われた。ところが、突如として佐竹軍が撤退し始め、蘆名やほかの領主たちも兵を引き上げてしまったのである。撤退理由は、重臣が家来に突然殺されたためとも、所領が隣国の里見《さとみ》氏の攻撃にあったためともいわれる。

こうして戦いは引き分けで幕を閉じたが、伊達軍の勇敢な戦いぶりが政宗の名を高めることになった。

武将列伝 伊達政宗
(1567〜1636)

奥州では長く小領主が乱立する時代が続き、伊達氏も一豪族にすぎなかった。しかし、政宗の時代になると、畠山氏や蘆名氏を倒して急速に領土を拡大し、ついには奥州の覇者となった。

政宗の強みは時代を見る目にあった。豊臣秀吉が天下を統一すると豊臣方に臣従し、関ヶ原の戦いや大坂の陣では徳川家康に与した。そして戦国時代が終わると仙台藩主となり、仙台60万石の礎を築いたのだ。

特集一

合戦の舞台裏

合戦前夜

「評定」で戦の是非を決め、いざ出陣！
大名と重臣たちの協議ですべてを決める

戦国時代の合戦は事前準備を経て、出陣《しゅつじん》、そして戦闘へと進んでいく。ここでは、戦国合戦の一連の流れを見ていこう。

まず大名は、重臣たちを集めて「評定《ひょうじょう》」と呼ばれる協議を行ない、合戦を実施するか否か、実施するならどのように戦うかといったことを話し合う。

『甲陽軍鑑《こうようぐんかん》』によると、武田氏は毎年年始に評定を開き、その場で一年間の戦略方針を決めていた。今川氏も桶狭間の戦い直前の尾張出兵を一年前から決定していた。

評定で合戦を実施すると決まると、次は「陣触れ」と呼ばれる動員をかける。動員人数は家臣ごとに異なり、知行や扶持《ふち》（給与）に応じてノルマが課せられた。

領内の農民たちへの集合相図は、伝令や鐘の音、法螺《ほら》貝の音によって行なわれる。それらによって集合の報せがあると、農民は急ぎ合戦の支度をしなければならない。武器や数日分の兵糧米をもって陣所に集まるのだ。

では、所定の人数が集まらなかったらどうするのか。その場合、担当者が相応の処罰を受けたとみられている。集合に遅れた場合も「遅参《ちさん》」として処分の対象になったようだ。

動員が完了すると、大将は兵を率いて戦場へと向かう。いざ出陣である。

行軍の際は、前軍・中軍・後軍の三軍に分かれて進んだ。こうすることにより、途中で敵に見つかって奇襲を受けたとしても、壊滅的なダメージを免れることができた。

物資調達

腹が減っては戦はできぬ……兵糧の重要性

兵糧の確保が勝敗を分けた

腹が減っては戦はできぬ――この言葉どおり、兵糧（兵士の食糧）を確保することは合戦における最重要課題の一つだった。食べ物がなければ、兵士の体力はもたず、士気も極端に下がり、戦闘継続はままならなくなってしまうからだ。

戦国時代初期には、出陣した軍勢がそれぞれ自前で用意するか、商人から買うか、大将である大名に貸してもらうかして兵糧を用意していた。

しかし、一万五〇〇〇くらいの大軍になると一日で七五石、一ヶ月で二〇〇〇石もの米が必要となるため、本拠から前線に兵糧を供給する兵站《へいたん》が欠かせなくなる。

兵站を担当するのは、小荷駄《こにだ》隊という後方支援部隊。敵の襲撃にあったり、戦場に遅れたりするリスクもあったため、監督者の小荷駄奉行には兵法を熟知し、しっかりした軍奉行並みに格式のある武士が任ぜられた。

兵站輸送をスムーズにする軍用道の整備も行なわれた。甲斐には武田信玄の「棒道《ぼうみち》」がいまも残されている。

兵糧の確保のため、軍用道の整備も精力的に行なわれた

傭兵

フリーランスの〝雇われ兵士〟で軍を構成

紀州の鉄砲隊が最強の戦闘集団？

戦国時代の軍隊は、主に足軽によって編成されていた。足軽とは弓・槍・鉄砲などを手にして戦う歩兵のことで、「夫役《ぶやく》」と呼ばれる軍役《ぐんやく》により徴兵された農民が多かった。

足軽になる農民は、平時は農業を営んでおり、戦《いくさ》になると武器や野営道具を持参して戦場へと向かった。戦国時代半ば以降は弓や槍の訓練を受けてから参戦したが、戦国時代初期は戦闘訓練などほとんどしたことのない〝素人〟ばかりだったため、戦死者のおよそ八割を農村出の足軽が占めたという。

その一方で、大名と雇用関係を結んで戦に参加する傭兵《ようへい》も存在していた。

重税や借金から逃れてきた者、戦乱で土地を追われた者、腕っ節自慢のアウトローなどが金銭で雇われるケースが多かったようだが、なかには集団で雇用される戦闘集団もいた。その代表格が雑賀衆《さいか》だ。

雑賀衆は紀州《きしゅう》を本拠地とし、優れた造鉄技術を活かして大量の鉄砲を製造。大名から依頼を受けると、その鉄砲をもって戦に加わった。雑賀衆を味方につけた側が勝利する、といわれるほど強力な傭兵だったという。

雑賀衆の頭領は雑賀孫市《まごいち》という。一向宗の熱心な信徒で、石山合戦では顕如の依頼を受けて織田信長と戦った。関ヶ原の戦いにも西軍として参加している。

そのほか、同じ紀州の根来《ねごろ》衆、甲斐の浪人衆、相模の諸足軽衆なども名の知られた傭兵だった。

築城

長丁場の戦いでは、臨時の城を築いて戦に挑む

陣城と付城のコンビで敵城を追い詰める

軍勢が戦場へたどり着くと、「陣城《じんじろ》」という防御施設を築く。敵方の城を落とすとなると一朝一夕にはいかないので、臨時の城を建設し、徐々に敵を追い詰めていくのだ。

臨時の城とはいえ、建設方法は通常の城と変わらない。選地《せんち》・経始《けいし》（縄張《なわばり》）・普請《ふしん》・作事《さくじ》という四段階で築城する。

まず選地。陣城は本陣を置く最重要拠点だから、敵の様子がよく見え、兵站の輸送に便利な土地が選ばれた。廃城や寺院を利用することもあったが、新築するのが基本だった。

築城場所が決まると櫓や石垣、堀などの配置を決める経始を行ない、普請を開始する。

普請とは基礎工事のこと。経始に基づいて、城の周囲に堀を造り、土塁や石垣を築く。さらに木材や石材で建物の土台を造る。

基礎工事をおろそかにすると後々に響くため、手抜きは許されない。巨大な石材の運搬は特に骨の折れる作業だったが、領民を駆り出して対処した。

普請が終わると、いよいよ作事、つまり建物の建設工事に入る。武器庫や物見櫓を築き、大将や重臣のいる本陣に陣幕を張るのである。これで陣城の完成だ。

陣城よりも敵城に近い場所に、「付城《つけじろ》」と呼ばれる小さな前線基地を築くこともあった。付城は一つとは限らず、複数築かれることも少なくなかった。付城が増えれば増えるほど敵に対する圧力は大きくなり、敵は次第に追い詰められていった。

単独行動厳禁！ 組織的な動きが何より大事

諸葛孔明が考案した八つの基本陣形

戦場において敵の軍勢と対峙すると、いよいよ戦闘開始となる。しかし、どれだけ多くの兵力を有していようとも、兵士たちが好き勝手に動いてしまっては戦局を有利に展開することはできない。戦場の地形や敵・味方の人数などに応じて適切な陣形を組み、組織だった攻めをする必要があるのだ。

基本的な陣形は、『三国志』でおなじみの諸葛孔明《しょかつこうめい》が考案した八つの陣形「諸葛亮八陣」が広く知られている。すなわち魚鱗《ぎょりん》・鶴翼《かくよく》・雁行《がんこう》・長蛇《ちょうだ》・偃月《えんげつ》・鋒矢《ほうし》・衡軛《こうやく》・方円《ほうえん》の八つの陣形で、それぞれ長所と短所があった。

魚鱗と鋒矢は、敵陣を突破する際に適した陣形である。魚鱗は中央を突出させ、後方には左右になだらかに部隊を配す。魚鱗よりも前方に攻撃力を集中した鋒矢は、突破力が高いが、側面と後方が弱点となる。

包囲戦に適した陣形は三つ。左右に部隊をゆるく広げ、鶴が羽を広げるように敵を取り囲む鶴翼、魚鱗や鋒矢の陣形で突っ込んできた敵の軍勢に後方部隊で対処する衡軛、円状に布陣し、全方位に対処する方円だ。

斜めに布陣する雁行は、敵の陣形に応じて形を変えやすく、敵の側面や背後を突く際に用いられる。欠けた月のような偃月は、敵を包囲殲滅《せんめつ》するのに適している。長く並ぶ長蛇は、行軍隊形からそのまま合戦に移行できる。

大将は戦いを有利に展開すべく、これら八陣を臨機応変に使い分ける。どれをどのタイミングで用いるか、高い判断力が求められた。

基本の八陣

鶴翼の陣

両翼で敵を包み込むように攻撃する。敵の中央突破に対して有効

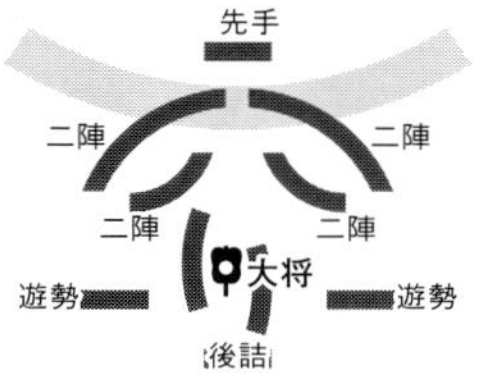

魚鱗の陣

中央突破する際に効果的な陣形。関ヶ原の戦いで東軍が使用した

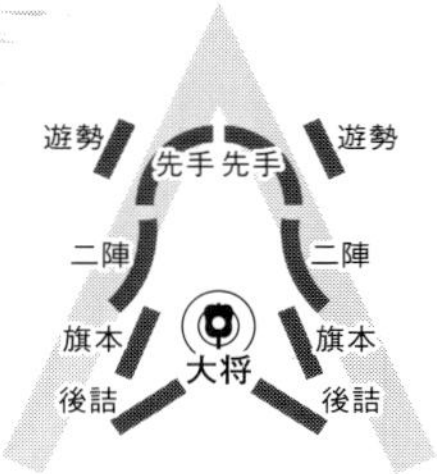

偃月の陣

三日月形に布陣し、前方の敵を迎撃する。背水の陣を敷く際に使われやすい

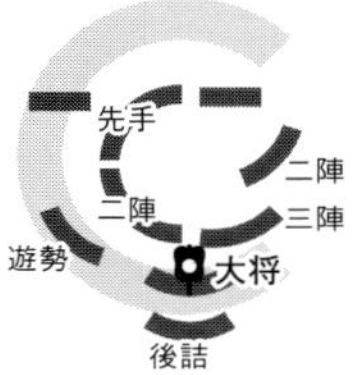

雁行の陣

敵の陣形に応じて形を変えやすい点がメリット。柔軟性の高い陣形

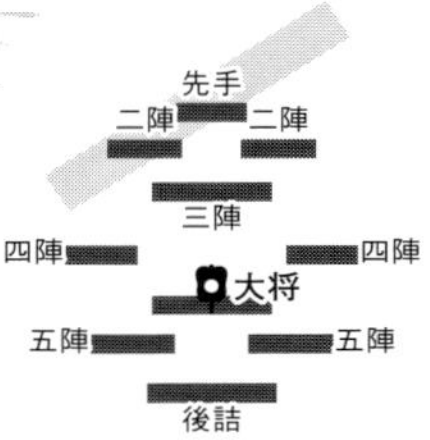

衡軛の陣

攻撃してきた敵を誘い込んで殲滅する陣形。後方が弱いのが難点

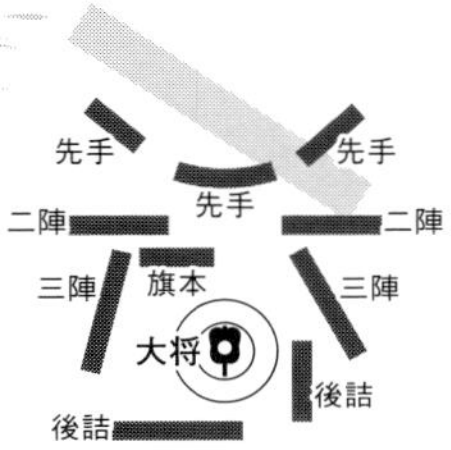

鋒矢の陣

中央に戦力を集中させた陣形。自軍よりも敵が大軍の際に効果を発揮する

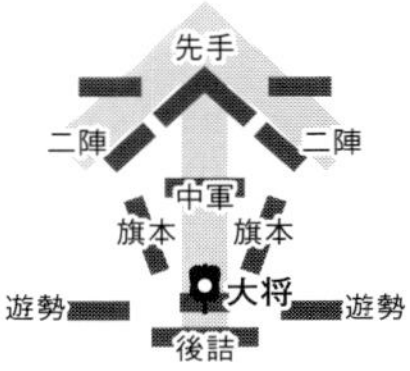

方円の陣

どこから攻められても対処可能な陣形。敵に囲まれた際などに用いられる

長蛇の陣

全軍を縦に並べた陣形。敵の動きに応じて前軍・中軍・後軍とも攻撃を展開

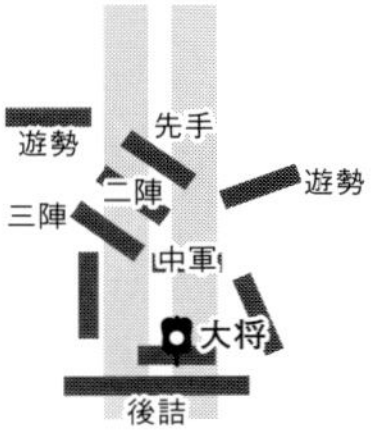

兵器①

刀・弓・槍・鉄砲が戦場の主役だった
鉄砲の登場により戦術が激変！

戦国時代の合戦における主力兵器といえば、刀・弓・槍・鉄砲だった。

そのうち、源平の時代から重宝されてきたのが弓である。弓は武士の代名詞であり、徳川家康や今川義元は「海道一の弓取り」と呼ばれていた。殺傷力も高かったが、それなりに技術も要した。

もちろん、刀も古くから戦場で用いられていた。しかし、初戦においては弓が主役で、刀は白兵戦になるまで使われなかった。

やがて戦い方が騎馬中心のスタイルから徒歩中心のスタイルに変わると、槍が重んじられ、足軽から一人前の武士にまで広く使われるようになった。戦国合戦の様子を描いた「合戦図屏風」でも、槍をもった多くの兵士の姿が確認できる。

槍は「突く」「払う」「叩く」という三通りの攻撃ができ、扱い方もそう難しくないので、技量の低い足軽にぴったり。また、集団で槍を構えて「槍ぶすま」を作れば、敵の突進を防ぐこともできる。徒歩での戦いでは弓や刀よりも断然、槍だったのである。

その後、天文十二年（一五四三）に鉄砲（火縄銃）が伝来すると、その六年後には早くも戦場で使われ始めた。

織田信長の時代の鉄砲装備率が一〇パーセントだったのに対し、豊臣秀吉の時代には二〇パーセント近くに上昇。戦術は大きく変わり、長篠・設楽原の戦い以降は主力兵器としての地位を確立した。

ポピュラーな4つの武器

弓

武士の代名詞ともいえる武器。木を土台にして竹を貼りつけた「四方竹弓」と、竹ヒゴを芯にして両側を木で挟んだ「弓胎(ひご)弓」が用いられた。弓胎弓の最大射程は450メートルとされる

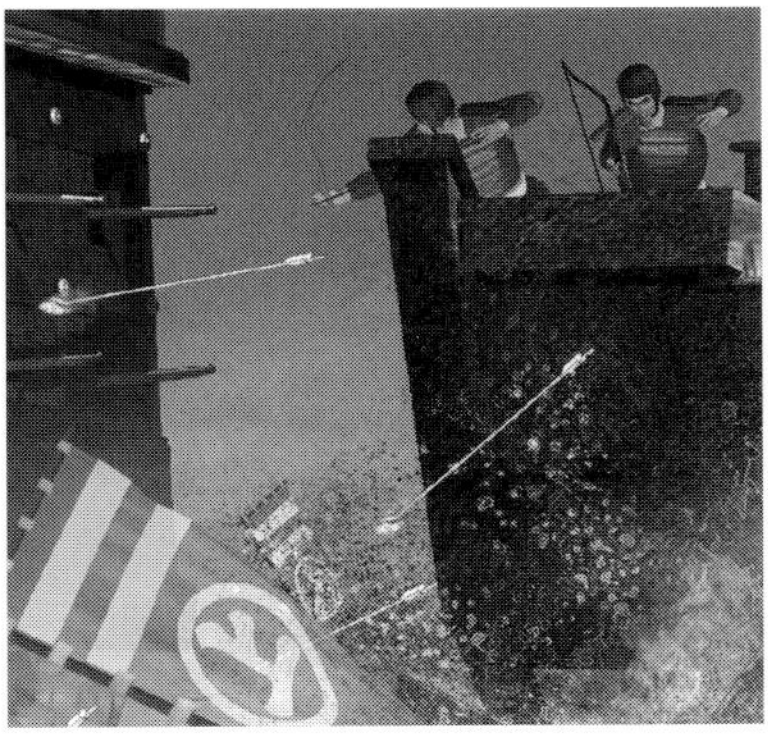

刀

主に白兵戦で使われた。日本刀の伝統である「反り」は、馬の加速を利用して斬るのに効果的という理由でつけられた。徒歩戦が主体となった戦国時代には反りの浅い「打刀」が用いられた

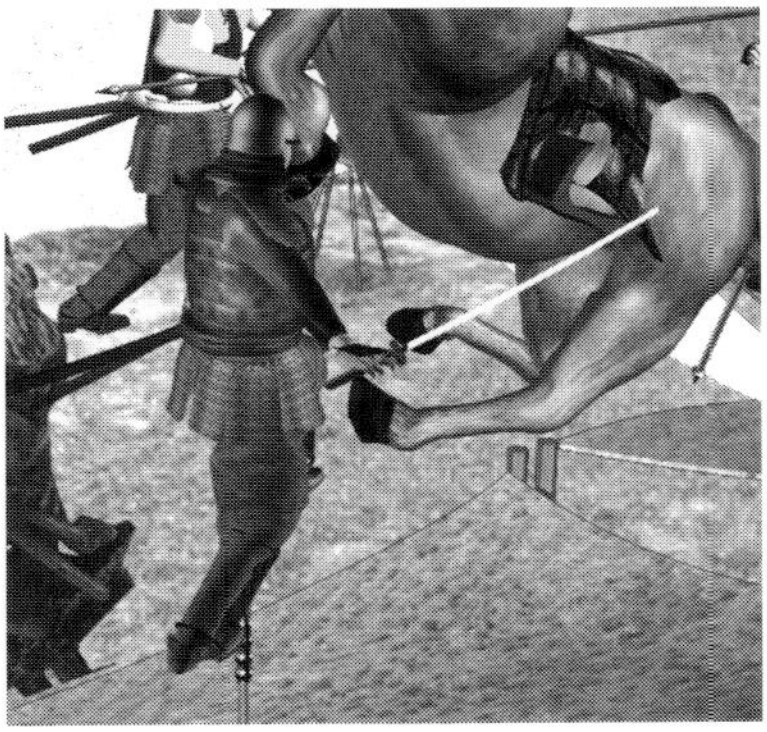

槍

突く・払う・叩くという3通りの攻撃ができ、簡単に扱えるため重宝された。足軽を3～8列ほど並べ、槍先を前面に向けて敵の突進を防ぐ「槍ぶすま」など、集団戦でも効果を発揮した

鉄砲

ヨーロッパから伝来し、国産化が進められ、主要兵器の一つとなった。いわゆる「火縄銃」だが、殺傷能力や飛距離は槍や弓の比ではなく、合戦での戦術を大きく変えることとなった

兵器②

城攻めの際に威力を発揮する武器の数々

ヨーロッパの兵器にも負けない創意工夫

城を攻める攻城戦では、野戦とはまったく異なる種類の兵器が利用された。城は広大な水堀や高い石垣、城壁によって厳重に守られている。それを切り崩すのは、通常の兵器では困難だったからだ。

敵の城に近づく際には、竹を束にして立てかけた「竹束《たけたば》」や、台車に楯を備えつけた「掻楯車《かいだて》」などが使われた。「木満《もくまん》」は楯をより高く上げることができ、攻め手が城内から鉄砲や弓矢で狙い撃ちされるのを防いだ。

石垣や城壁を乗り越える兵器としては、材木を積み上げて櫓のような形にした「井楼《せいろう》」、井楼に台車をとりつけ移動できるようにした「走り櫓」、支柱から伸びた縄に兵士の入った駕籠《かご》を吊り下げた「釣井楼」などがよく知られている。これらを使って城内を観察したり、城内の敵を鉄砲や矢で射たりした。

「大筒」「大鉄砲」などと呼ばれる「大砲」も攻城戦で威力を発揮した。大砲は遠距離からの砲撃で城を破壊するだけでなく、発射時の轟音で籠城する敵に心理的なダメージを与えることができる。戦国時代後期に西洋から輸入されると、攻城戦の主力兵器となった。

日本最初の大砲は、大友義鎮（宗麟）が輸入した「フランキ砲」だといわれている。そのあまりの破壊力に驚いた義鎮は、「国崩し」と名づけたほどだった。大坂冬の陣でも有効射程一八〇〇メートルとされる「カルバリン砲」が用いられ、籠城する淀《よど》殿から和議を引き出す原動力となった。

攻城戦に使われた兵器

竹束

竹を束にして立てかけ、鉄砲による攻撃を防ぐ。材料を現地調達できたこともあり、防弾兵器として普及した

楯

楯は古来、合戦で用いられてきた基本兵器だが、時代を経て銃眼が設けられるなどの進化がみられた

台車付き竹束

竹束に台車をつけて移動可能に。突撃用ではなく、主に銃撃戦の際に使われた

走り櫓

材木を積み上げて櫓のような形にした井楼に台車をとりつけたもの。ここから銃撃したり、城内を偵察した

大砲

破壊力ナンバーワンの攻城兵器。大坂の陣で用いられた「カルバリン砲」は、1800メートルもの射程を誇った

軍師

三つのタイプに分かれる軍のトップ・ブレーン

戦略・戦術はもちろん、天気予報も担当!?

どんなに優れた戦国武将・大名であっても、一人だけで戦うことはできない。戦に勝利するためには、戦略や戦術面でアドバイスしてくれる軍師が不可欠だった。

戦国時代を代表する軍師としては豊臣秀吉に仕えて中国征討で活躍した黒田官兵衛《くろだかんべえ》、武田信玄に仕えて川中島の戦いで啄木鳥戦法を献策した山本勘助《やまもとかんすけ》、上杉景勝《かげかつ》に仕えて徳川家康に歯向かった直江兼続《なおえかねつぐ》などがあげられる。

古来、軍師には出陣する日時や方角の吉兆《きっちょう》占い、天候の予測、戦勝祈願の加持祈祷《かじきとう》などを行なう呪術師的な役割が求められていたため、陰陽師《おんみょうじ》や修験者《しゅげんじゃ》が軍師になるケースが多かった。しかし戦国時代に入ると、戦術や戦略面での貢献が重視され、軍のトップ・ブレーンとしての活躍が求められるようになる。

戦国時代の軍師をグループ分けすると、次のように分類できる。呪術的な性格の強い軍配者タイプ（角隈石宗《つのくませきそう》・川田義朗《かわだよしあき》）、戦略・戦術を大将に進言する参謀タイプ（黒田官兵衛・山本勘助・直江兼続）、同盟や講和など外交に秀でた交渉タイプ（太原《たいげん》雪斎《せっさい》・安国寺恵瓊《あんこくじえけい》）の三つで、いずれも軍のトップ・ブレーンとして活躍した。

軍師は大将の参謀役として軍を支えた

戦場の娯楽

陣幕はエンターテイメントに溢れていた!?

息抜きとして必須とされた娯楽の数々

合戦は一日で終わることもあったが、長期化することも少なくなかった。たとえば兵糧攻めで城を落とすには、数ヶ月〜数年の時間を要した。

もちろん、兵士たちはその間ずっと戦い続けていたわけではない。戦闘の合間、陣幕《じんまく》ではさまざまな娯楽が行なわれており、それによって息抜きしていたのである。

戦国大名は戦陣の娯楽として相撲を強く推奨した。相撲は体を鍛えられるうえ、その体術を戦場で応用できたのが理由とされる。

相撲のように推奨されていたわけではないが、兵士たちのあいだでは博打《ばくち》が人気だった。サイコロを使い、武具や食糧を賭けて簡単な博打をする。戦場で生死をかけて戦う兵士たちにとって、博打は運試しとして最適だったのかもしれない。

安全が確保されていれば、遊女と一時を過ごすこともできた。戦地を渡り歩く御陣女郎という遊女の集団や、尼の格好をした比丘尼《びくに》という遊女の集団がやってきて、兵士たちに春を売っていた。遊女としてみれば、戦場は格好の稼ぎ場だったのだ。

遊女のほか、傀儡子《くぐつし》も戦陣を訪れた。傀儡子とは剣技を見せたり、人形を操ったり手品を見せたりする芸人のことで、女性の傀儡子は遊女としても働いていた。

また、物売りの商人や鎧《よろい》の修理職人、刀の研師《とぎし》などが戦陣にやってきて商売を営んでおり、自由にそれらを利用することができた。

野戦医療

合戦につきものの怪我はこうして治す！

兵士たちが編み出したトンデモ治療法

合戦に参加すると避けて通れないのが負傷である。矢傷、槍傷、刀傷、鉄砲傷と、兵士はさまざまな怪我をした。

しかし、当然ながら戦国時代の医療はいまほど充実していない。では、負傷した兵士たちはどのような手当をしていたのだろうか。

戦場での医療を担当したのは金瘡医《きんそうい》という外科医だった。しかし、外科医といっても縫合手術などを行なえるような技術はなく、弓矢や銃弾を簡素な道具で引き抜いたり、傷口に膠《にかわ》（粗製のゼラチン）を塗って包帯を巻くくらいがせいぜいだったといわれている。

しかも、そうした処置を受けられるのは身分の高い武士に限られ、一般の兵士たちは自分でどうにかしなければならなかったため、さまざまな〝トンデモ治療法〟が編み出される結果となったのである。

止血に馬の血を用いるのは序の口。内臓に血が溜まると葦毛《あしげ》の馬の糞《ふん》を混ぜた水を飲んだり、傷口がうずくと小便をかけたりと、非科学的な治療が行なわれた。

戦国時代の医療行為は、現代では信じられないような、荒っぽくて迷信的なものばかりだった

実際に効果があったのかどうかはわからないが、破傷風《はしょうふう》などの感染症を患って死亡する者が少なくなかったとみられている。

終戦

合戦はどうなったら〝終わり〟になるのか？

降伏したとしても命の保証はなかった

合戦の終わり方は、大きく三つのパターンに分けられる。

まず一つ目は、総大将が捕縛されるか、討ちとられた場合である。戦国時代には敗戦後もおめおめと生き残ることを恥と考える思想があったが、敗色濃厚となっても逃走して再起をはかろうとする者が少なからずいた。そうした総大将を捕縛したり討ちとったり、自刃させたりすれば、合戦は終幕を迎えた。

二つ目は、落城した場合である。力ずくで開城させられた場合はもちろん、兵糧攻めなどで追い詰められた城主が降伏を申し出た場合も落城とみなされ、合戦は終わった。

たとえば鳥取城主の吉川経家《きっかわつねいえ》は、みずから切腹することを条件に城兵の助命を認めてもらっている。備中高松城主の清水宗治《しみずむねはる》もまた、城兵の助命と引き換えに切腹を行ない、その作法があまりに見事だったことから後世の慣例とされた。

三つ目は、講和を結ぶことだ。もはや勝ち目がないと悟った場合、和睦して無駄な犠牲を出さないようにするのである。

ただし、降伏にしても講和にしても、必ず認められたわけではない。織田信長は伊勢長島《いせながしま》の戦いのとき、降伏を申し出た一向宗門徒を許さず、兵士だけでなく女も子どもも殺戮《さつりく》している。

城主としては、敗戦を認めても必ずしも命が助かる保証のない点が判断の難しいところであったに違いない。

勝った者と敗けた者、それぞれの顛末
戦場の掃除屋は誰が務めた？

合戦が終わると、さまざまな形で戦後処理が行なわれた。

勝者側では、討ちとった敵兵の首を大将や軍師が検分する「首実検《くびじっけん》」が実施された。首が襲いかかってきても応戦できるように、立会人は完全武装で臨んだという。

首級は論功行賞《ろんこうこうしょう》の重要な判断材料とされたが、ほかにも判断材料はたくさんあった。高評価とされたのは敵陣に最初に突っ込む「一番槍」や、最初に敵の首を取る「一番首」。さらに味方が敵を討ちとる間際に応援して敵を仕留めさせる「槍脇の功名」、敗走の際に殿となる「殿槍」もポイントが高かった。

論功行賞で褒美《ほうび》として与えられるのは知行地や金銭、物品などのほか、感状や偏諱《へんき》などの名誉だった。滝川一益《たきがわかずます》は織田信長から知行地を拝領したが、それよりも茶器を欲していたとの逸話もある。

一方、戦場では戦死体の処理がなされた。勝者の戦死体は縁者や黒鍬《くろくわ》によって回収され、弔われた。敗者の死体も見せしめなどの理由がない限り、最低限の処理がされた。

だがその陰では、戦場荒らしもしばしば行なわれた。中級クラスの装備品は戦場に遺棄されたため、付近の住民が拾い集め、転売したりリサイクルして利用したのである。

こうした行為は、いくら禁止しても闇夜に紛れて行なわれたため、完全に取り締まることはできなかった。戦場の掃除屋はその土地の住民だったのである。

第二章

攻城戦

城を攻める側、守る側　知略を尽くした戦い

永禄4年（1561）12月〜
元亀元年（1570）1月

唐《から》沢《さわ》山《やま》城《じょう》の戦い

関東屈指の堅城が上杉氏の襲撃を阻む

山頂に建つ本丸を囲むように曲輪が築かれていた
曲輪
上杉軍

北条氏と上杉氏に挟撃される

相模の北条氏と越後の上杉氏は、関東の覇権をかけて争うライバルだった。その二大勢力に挟まれていたのが下野《しもつけ》の佐《さ》野《の》氏である。

中世以来、唐沢山《からさわやま》城は北関東の要衝として知られ、北条・上杉両氏の勢力圏のちょうど境界付近に位置していた。そのため、両氏ともなんとかして城を支配下に置きたかったのだ。

永禄三年（一五六〇）には、北条氏政が三万五〇〇〇の軍勢を差し向けた。だが、佐野昌綱《まさつな》は謙信のうしろ盾を得つつ、標高二四七メートルの唐沢山上に築かれた本丸を死守し、北条軍を退却させた。

合戦DATA

佐野方 約2万
vs
上杉方 約1万5000

下野国
（栃木県佐野市）

※合戦DATAは第1回のもの。

対上杉・7度の籠城戦

①永禄4年（1561）12月
北条・武田氏と結んだ佐野氏を謙信が包囲したが、佐野氏は周辺勢力に援軍を頼み、上杉軍を撃退する

②永禄5年（1562）3月
謙信が再び佐野氏を攻めるも、北条氏康が佐野氏に与したため、上杉軍は撤退

③永禄6年（1563）4月
謙信は小山城を降伏させた勢いで唐沢山城を攻めた。しかし、佐野氏は北条氏につき、落城を免れる

④永禄7年（1564）2月
上杉軍は常陸小田城攻略後、唐沢山城に猛攻をかけ、開城させる。佐野昌綱は助命された

⑤永禄7年11月
佐野昌綱が再び上杉氏から離反したため、唐沢山城は攻撃を受ける。昌綱は降伏し、助命される

⑥永禄10年（1567）2月
またもや離反した佐野昌綱を上杉軍が包囲。しかし北条氏との和睦が成立し、戦いは終結

⑦元亀元年（1570）1月
佐野昌綱が三たび北条氏と結託。上杉軍は唐沢山城を攻撃したが、最後まで落城することはなかった

この戦いの意義

唐沢山城を奪取できなかった上杉氏は、関東から北陸へと目を向けるようになる。佐野氏の踏ん張りが「越後の龍」の勢力伸張を妨げたことになる

ポイント

唐沢山城は険しい山岳地に曲輪群が配され、ところどころに高い石垣が積まれている。力攻めで制圧するのは極めて難しく、上杉謙信でさえも落城させることはできなかった

一方、上杉謙信も合計七度の唐沢山城攻めを行なっている。

最初の侵攻は、永禄四年（一五六一）十二月のことだった。上杉氏から離反した昌綱に対し、謙信は一万五〇〇〇の軍勢を差し向けてきたが、昌綱は小山《おやま》氏・結城《ゆうき》氏・皆川《みながわ》氏など近隣の諸将に援軍を求め、合計二万の軍勢で上杉軍を撃退した。下野の小領主が「越後の龍」と呼ばれる大大名に勝利したのである。

永禄七年（一五六四）二月には上杉軍の総攻撃を受け、外曲輪《そとぐるわ》まで攻略されてしまうが、昌綱がこれ以上の抵抗は無駄と判断して降伏すると命は許された。

やがて上杉氏と北条氏は和睦し、謙信は関東から北陸へと目を移す。佐野氏はその二大勢力のあいだで何度も結託と離反を繰り返しながら、戦国時代を生き抜いた。稀にみる世渡り上手な領主といえるだろう。

大手道
斎藤軍
織田軍
織田軍
炎上した城下町。織田軍が火を放った。城方は、火がつくまでまったく気がつかなかったといわれる

永禄10年（1567）8月15日

稲《いな》葉《ば》山《やま》城《じょう》の戦い

斎藤氏を美濃から追い出し「天下布武」を発した信長

一夜城と調略で攻める

織田信長は桶狭間の戦い（→26ページ）に勝利し尾張を平定すると、次に美濃全域の支配を目指して動き始めた。

当時、美濃をおさめていたのは、「美濃の蝮《まむし》」こと斎藤道三《どうさん》の長男・義龍《よしたつ》。信長は義龍に何度も侵攻を阻まれていたが、義龍が永禄四年（一五六一）に病死し、十四歳の龍興《たつおき》が家督を継ぐと、これを好機とみて美濃攻めを本格化させた。

斎藤氏の居城である稲葉山城は金華山《きんかざん》に築かれた巨大な山城で、攻略するのは非常に難しかった。しかし、信長は稀代の戦略家ぶりを発揮し、困難な城攻めを優位に展開する。

合戦DATA

織田方 約2万
VS
斎藤方 約1000

美濃国
（岐阜県岐阜市）

戦場はいま

岐阜城

稲葉山城は信長の新たな居城になると、岐阜城と名を変えた。標高 329 メートルの金華山(稲葉山)山頂に建っており、天守から見下ろす城下町の景色は圧巻の一言。夜景も楽しむことができる。

天守展望台から望む夜景

この戦いの意義

信長は稲葉山城を拠点として天下統一事業を進めた。稲葉山城の戦いは信長にとって一大転機といえる戦いだった

戦国こぼれ話

墨俣の砦が「一夜城」と呼ばれるワケ

木下藤吉郎が築いた墨俣の砦は、「一夜城伝説」として後世に伝えられた。木曽の山から伐り出した木材を飛騨川に流し、墨俣に流れ着いたところを組み立てる。この手法で瞬く間に砦ができた。天守はなく、壁は白い紙を貼りつけただけの「ハリボテ城」だったが、遠目には城のように見えた。そこから、「一夜城」と呼ばれることになったのである。

稲葉山城は険しい山に築かれており、攻め口がないように見えるが、じつは本丸への道がいくつも存在していた
稲葉山城本丸
永
通
寳
樂
ポイント
難攻不落の城といわれた稲葉山城は、信長の内応工作によってあっさりと攻略された

まず永禄九年（一五六六）、家臣の木下藤吉郎（のちの豊臣秀吉）に命じて墨《すの》俣《また》に砦を造らせ戦略拠点にすると、翌年四月には「美濃三人衆」と呼ばれる稲葉《いなば》一鉄《いってつ》・氏家卜全《うじいえぼくぜん》・安藤守就《あんどうもりなり》の懐柔にも成功。これで勢いを得た信長は八月に稲葉山城を攻め、落城に追い込んだ。

その後、信長は小牧山城から稲葉山城に拠点を移し、城下の地名を「岐阜」に改めた。そして、ここから「天下布武《てんかふぶ》（武家が天下の権力を握る）」を発し、全国統一を進めていったのである。

元亀元年（1570）
〜
天正8年（1580）

石《いし》山《やま》合《かっ》戦《せん》

一〇年にわたって続いた本願寺門徒との熾烈な戦い

御影堂
石山本願寺は周囲に水堀を配し、域内に鉄砲櫓などが設けられていた。寺院というより城郭のような施設だった
門徒
鉄砲櫓
築山
堀
織田軍

●「信長を討て」との顕如の檄文

室町時代から戦国時代には、仏教徒が権力者に対して反旗を翻すことが珍しくなかった。浄土真宗本願寺の門徒も畿内や加賀《かが》などで蜂起し（一向一揆）、各地の大名たちと戦った。

その一向一揆のなかで最大規模の戦いとなったのが、織田信長との石山合戦だ。元亀元年（一五七〇）、反織田の立場をとる戦国武将・三好《みよし》三人衆に対して、信長が兵をあげると、本願寺の法主《ほっす》・顕如は全国の門徒に檄文《げきぶん》を発し、織田方の陣所を攻撃させた。

本願寺は十五代将軍・足利義昭、浅井氏、朝倉氏、三好三人衆らと同じ反織田

合戦DATA

織田方 不明
VS
本願寺方 不明

摂津国
（大阪府大阪市中央区）

CloseUp

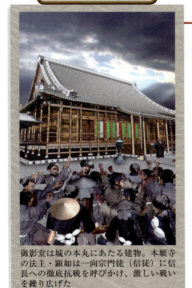

御影堂は城の本丸にあたる建物。本願寺の法主・顕如は一向宗門徒（信徒）に信長への徹底抗戦を呼びかけ、激しい戦いを繰り広げた

この戦いの意義

石山合戦は信長による宗教弾圧ではなく、抵抗勢力の排除。この争乱で戦勝を重ねた信長は天下統一に向けて勢いを増していった

織田軍
織田軍
ポイント
織田軍は強力な防備の施された巨大寺院をなかなか攻略できなかったが、徹底した包囲網で攻め続けた

勢力の一角だったのである。

信長は反撃に転じるも、当初は本願寺を滅ぼそうとまでは考えていなかった。だがその後、二度の停戦を経て、三たび和睦が破られた天正四年（一五七六）四月、信長は諸将に本願寺への直接攻撃を命令、寺に立てこもった門徒とのあいだで〝籠城戦〟が始まったのである。

●一〇年戦争に終止符

堅固な防備を誇る本願寺はなかなか落ちなかったが、一向一揆は伊勢長島の戦い（→96ページ）、第二次木津川口の戦い（→48ページ）などで織田軍に敗れ、次第に勢いを失っていく。

そして天正八年（一五八〇）三月、正親町《おおぎまち》天皇の勅命で信長と顕如のあいだに和睦が成立すると、顕如は本願寺を去った。ここに一〇年もの長きにわたる壮絶な戦いの幕が下りたのだった。

元亀2年（1571）
9月12日

比《ひ》叡《えい》山《ざん》焼《や》き討《う》ち

犠牲者数三〇〇〇人!?
信長による弾圧事件

合戦DATA

織田方 3万
vs
比叡山方 数千

近江国
（滋賀県大津市）

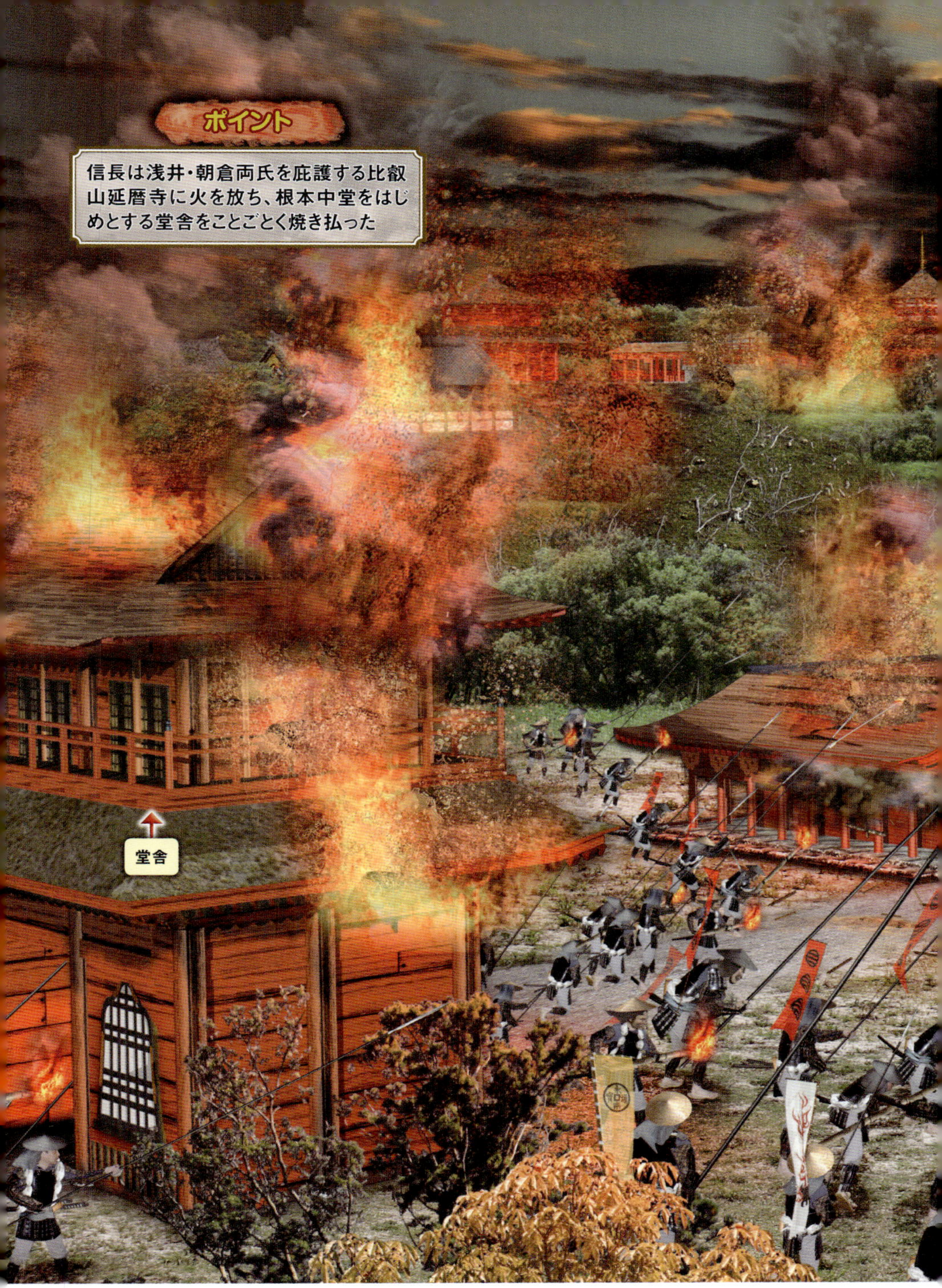
ポイント
信長は浅井・朝倉両氏を庇護する比叡山延暦寺に火を放ち、根本中堂をはじめとする堂舎をことごとく焼き払った
堂舎

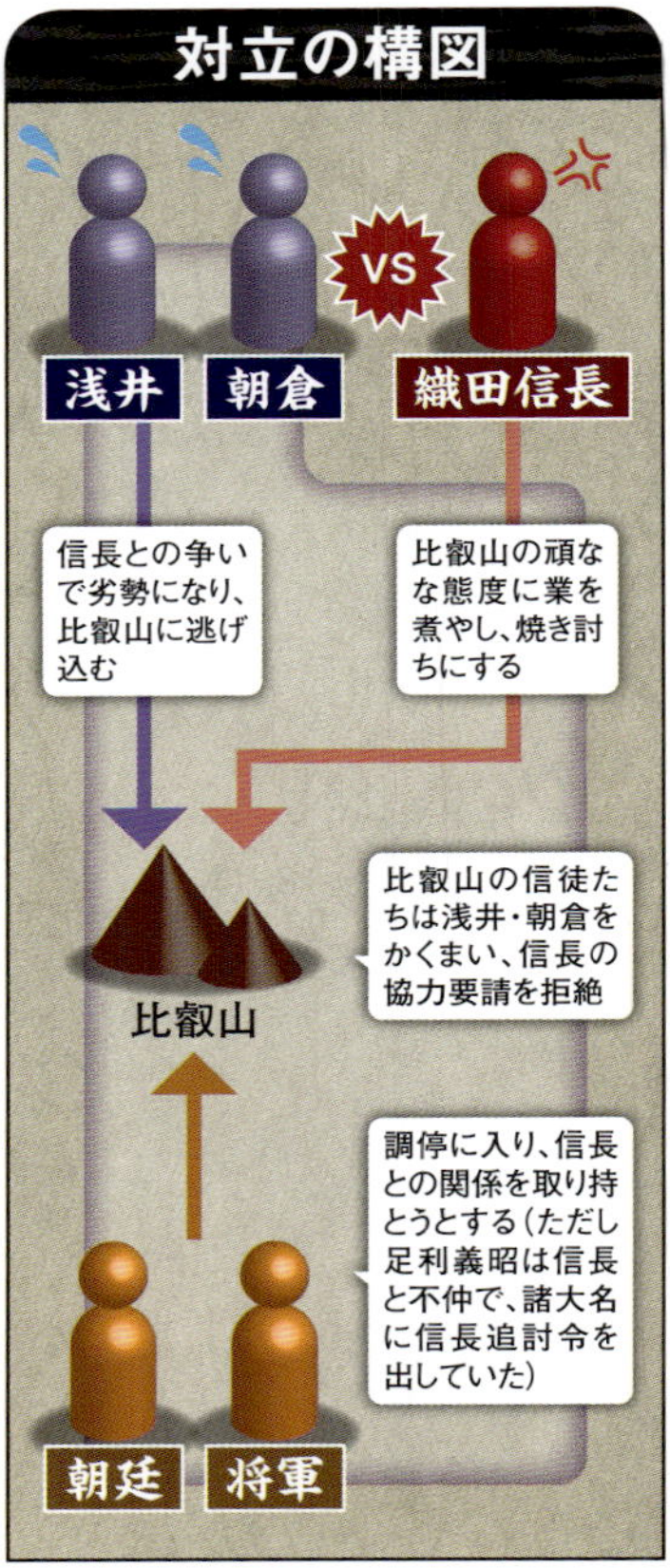

比叡山とも対立する信長

織田信長と宗教勢力の戦いは、石山合戦だけにとどまらない。信長は天台宗《てんだいしゅう》の総本山・比叡山延暦寺とも対立し、日本仏教の聖地ともいえる比叡山を焼き払うという前代未聞の行為に及んだのだ。

事の発端は、比叡山が反織田勢力の浅井・朝倉両氏をかくまったことにある。元亀元年（一五七〇）六月、姉川の戦い（↓36ページ）で信長に敗れた浅井・朝倉両氏は、近江志賀の戦いでも敗色濃厚となり、比叡山へと逃げ込んだ。

信長は比叡山に対して、織田方に協力するよう申し入れた。しかし、比叡山はこれを拒否し、浅井・朝倉両氏を庇護する態度に出た。じつは比叡山も足利義昭を中心とする反織田勢力の一つであり、浅井・朝倉両氏に肩入れするのは当然だったのである。

延暦寺の伽藍配置

根本中堂

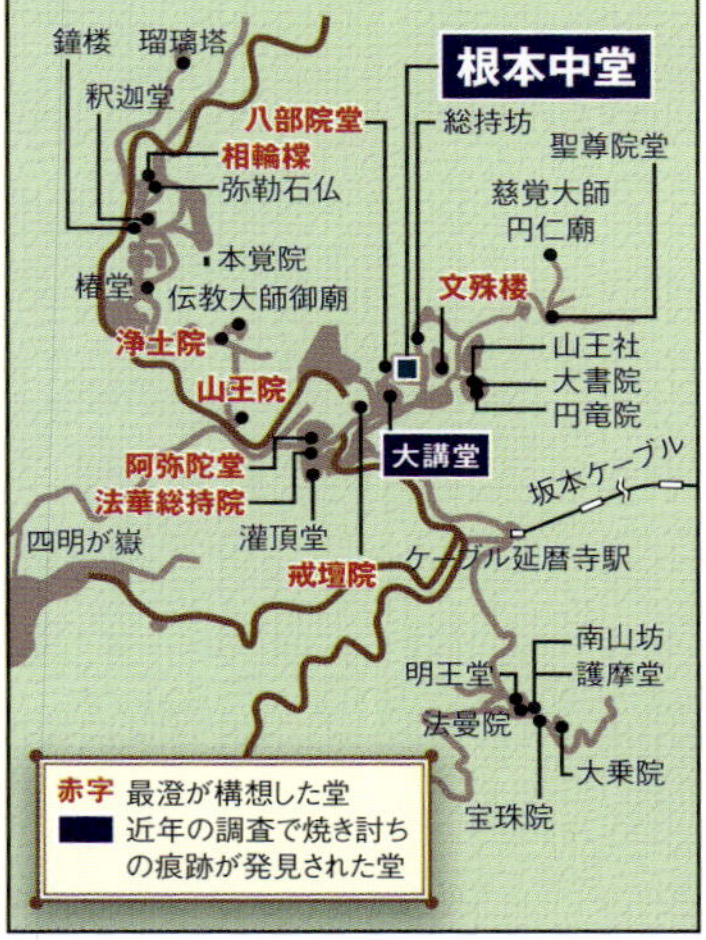

この戦いの意義

敵対するなら宗教勢力でも打倒するという信長の立場を明確に示した

神仏をも恐れぬ男

もともと信長は、比叡山を快く思っていなかった。宗教者であるにもかかわらず武装したり、政治に介入したりすることが許せなかった。それに加え、今回の対応である。信長の我慢はついに限界に達し、元亀二年（一五七一）九月十二日、比叡山焼き討ちを行なった。

琵琶湖を渡った三万の織田軍は、比叡山の麓《ふもと》の坂本の町に火をつけ、日吉大社《ひえたいしゃ》に逃げ集まった人々を建物ごと燃やしてしまった。さらに別の隊が山道を駆け上がり、延暦寺の堂舎を焼き払っていく。

これにより、最澄の創建から約八〇〇年の歴史をもつ延暦寺の建物はほとんど灰燼《かいじん》に帰した。犠牲者数も三〇〇〇人にのぼったといわれている。

神仏をも恐れぬ男――信長はよきにつけ悪しきにつけ、天下に名を轟かせた。

天正元年（1573）
8月

一《いち》乗《じょう》谷《だに》城《じょう》の戦い

信長に逆らった北陸の名門・朝倉氏の最期

一乗谷は「都のけしきたちもをよばじ」と詠まれた一大城下町だった
織田軍

逃げる朝倉、追う信長

天正元年（一五七三）、織田信長は反織田勢力の中心である足利義昭を京から追放し、室町幕府を滅ぼす。その後、今度は浅井・朝倉両氏の討伐に注力した。

信長がまず向かった先は、浅井長政の居城・小谷《おだに》城だった。三万の軍勢を率いて近江に進軍すると、長政はとても止めきれないと判断して盟友の朝倉義景に救援を依頼。急報を受けた義景は、すかさず二万の軍勢を率いて越前を出た。

そして八月十日、織田軍と朝倉軍は小谷城の近くで激突する。

信長は大嶽山に陣取る朝倉軍を次々と撃破。情勢を不利と見た義景は深夜に退

合戦DATA

織田方 約3万
VS
朝倉方 約2万

越前国
（福井県福井市）

郵便はがき

お手数ですが、
切手を
おはりください。

151-0051

東京都渋谷区千駄ヶ谷4-9-7

(株) 幻冬舎

「知識ゼロからのCGで読む戦国合戦」係行

ご住所 〒□□□-□□□□		
Tel.(　　-　　-　　)		
Fax.(　　-　　-　　)		
お名前	ご職業	男
	生年月日　　年　月　日	女
eメールアドレス：		
購読している新聞	購読している雑誌	お好きな作家

◎本書をお買い上げいただき、誠にありがとうございました。
質問にお答えいただけたら幸いです。

◆「知識ゼロからのCGで読む戦国合戦」をお求めになった動機は？

① 書店で見て　② 新聞で見て　③ 雑誌で見て
④ 案内書を見て　⑤ 知人にすすめられて
⑥ プレゼントされて　⑦ その他（　　　　　　）

◆本書のご感想をお書きください。

今後、弊社のご案内をお送りしてもよろしいですか。

（　はい・いいえ　）

ご記入いただきました個人情報については、許可なく他の目的で使用することはありません。

ご協力ありがとうございました。

一乗谷城
朝倉氏館
ポイント
一乗谷は人口1万を誇る都市で、100年ものあいだ繁栄を続けていたが、信長によって焼き払われた

却を始めたが、信長はそれを見過ごさず追撃を開始した。義景は反織田勢力の主力だけに、逃すわけにはいかなかった。

義景はなんとか越前の本拠地・一乗谷付近まで逃げ延びる。しかし、急追する織田軍に越前国境近くで追いつかれ、三〇〇〇以上の兵を失ってしまった。

信長はさらに攻撃を継続し、一乗谷の町に火をかける。その火は三日三晩燃え続け、一〇〇年の栄華を誇った一乗谷は灰燼に帰した。義景は寺に逃れるも、身内の裏切りにあって自刃したと伝わる。

戦場はいま

一乗谷

約100年にわたり朝倉氏5代が栄えた一乗谷は、信長に攻め滅ぼされてしまった。しかし、城下町の町並みは当時とほとんど同じ状態のまま発掘され、20世紀末に復元された。義景の館跡や館跡庭園などを訪れると、100年の栄華を偲ぶことができる。

朝倉館の唐門

この戦いの意義

信長は反織田勢力の一角を葬り去り、天下統一にまた一歩近づいた

武将列伝

朝倉義景
(1533～1573)

朝倉氏は開化天皇あるいは孝徳天皇の後裔とされ、応仁・文明の乱後に越前守護となった。義景は11代当主で、戦よりも文化的な生活を好む人物だった。13代将軍・足利義輝が暗殺された際には、その弟・義昭をかくまった。また、浅井長政とも懇意にしており、ともに反織田勢力の主力を務めた。朝倉氏の全盛期を築いたが、100年続いた名家を潰したため、愚将とみなされることが多い。

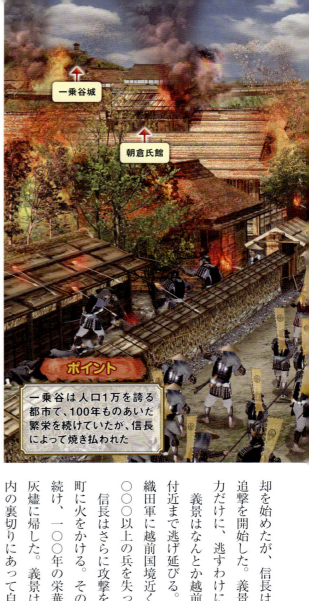

小谷城は小谷山山頂に曲輪が
連なる日本最大級の山城だった
浅井軍
織田軍

天正元年（1573）
8月〜9月

小《お》谷《だに》城《じょう》の戦い

木下藤吉郎の城郭分断策で朝倉氏に続き浅井氏も滅亡

●木下藤吉郎の大殊勲

織田信長は朝倉義景を自刃に追い込むと、今度は浅井長政に狙いを定める。越前から近江へとって返し、天正元年（一五七三）八月二十六日から長政の居城・小谷城への総攻撃を開始した。

小谷城は本丸、中丸、京極《きょうごく》丸、小丸など複数の曲輪からなる堅固な山城で、長政は本丸に、長政の父・久政《ひさまさ》は小丸に籠城していた。

信長は六月から木下藤吉郎に命じて小谷城攻めを行なわせていたがまったく落ちず、朝倉氏が滅んで小谷城が孤立してからも半月近く持ちこたえていた。

この膠着状態を藤吉郎が打破した。八

合戦DATA

織田方 1万5000
vs
浅井方 5000

近江国
（滋賀県長浜市）

小丸
京極丸
中丸
木下藤吉郎はこの清水谷から側面攻撃を行ない、京極丸を占拠し、本丸と小丸の連携を断った
ポイント
浅井父子がいる曲輪間の連携を断ったことが戦勝につながった

月二十七日、木下隊は本丸と小丸の中間に位置する京極丸に目をつけ、清水谷の急斜面を一気に攻めのぼる。そして側面から急襲して京極丸を占拠した。

これにより本丸の長政と小丸の久政の連絡が完全に遮断されると、小谷城は大混乱に陥った。九月一日には本丸への総攻撃がかけられ、長政は自刃。ここに浅井氏は滅亡したのである。

戦勝の功労者の藤吉郎は小谷城を与えられ、一国一城の主となった。そして姓を木下から羽柴に改めた。

この戦いの意義

朝倉氏に続いて浅井氏も征伐した信長にとって、後顧の憂いがすっかりなくなった。木下藤吉郎もその後の出世のきっかけをつかんだ

戦国こぼれ話

浅井家の母・お市と三姉妹のその後

浅井長政とお市の方のあいだには、3人の娘がいた。茶々・初・江である。母娘は小谷城の落城時、城から脱出。その後茶々は秀吉の側室となって秀頼を産み、初は京極高次に嫁いだ。そして江は徳川家の第2代将軍・秀忠の妻となり、第3代将軍・家光を産んだ。お市は柴田勝家と再婚した。

お江の方

武将列伝 浅井長政

(1545～1573)

浅井氏は近江の守護・六角氏の家臣だった。しかし、長政は父・久政から15歳のときに家督を継ぎ、六角氏を打倒、北近江の雄となる。下剋上の時代を象徴する一人といえるだろう。

織田信長の妹・お市を娶(めと)り、信長の上洛を助けるが、信長が朝倉氏を攻めると朝倉氏に味方し、反織田勢力に加わった。だが結局、それが原因で信長に叩かれ、滅亡することになった。

天正2年（1574）
7月〜9月

伊《い》勢《せ》長《なが》島《しま》の一《いっ》向《こう》一《いっ》揆《き》

一揆勢によるゲリラ戦に信長も大苦戦！

屋長島城
織田軍
木曽川
信長は九鬼嘉隆らの水軍も動員し、水陸両方から一揆勢を追い詰めた

●最も激化した一向一揆

浄土真宗本願寺門徒の蜂起（一向一揆）は、大坂の石山本願寺を中心に全国各地で起こった。そのなかで最も悲劇的な結末を迎えたのが、伊勢長島（現三重県桑名市）の一向一揆だ。

元亀元年（一五七〇）、本願寺の法主・顕如が全国の門徒に「打倒信長」の檄文を発すると、長島の門徒も応じた。長島には本願寺中興の祖・蓮如の六男・蓮淳《れんじゅん》が創設した願証寺《がんしょうじ》があり、門徒たちが士気を高めた。

戦局は一揆勢の優位に進んだ。長島城を奪取した門徒たちは、その勢いで松ノ木砦などの拠点を次々に撃破していく。

合戦DATA

織田方 約8万
vs
一揆勢 約2万以上

伊勢国
（三重県桑名市）

CloseUp

一揆勢は次第に追い詰められ、最後まで落城しなかった屋長島城に立てこもった。それに対し信長は、兵糧攻めのすえ、四方から火をかけ、老若男女を問わず2万人を惨殺する。この戦いで庶兄や弟などを失った信長の執念だった

柵で囲い込み、退城してきた者は鉄砲で撃ち殺した

ポイント

伊勢長島の一向一揆は本願寺と連動して信長を苦しめたが、信長は兵糧攻め、銃殺、焼殺と徹底的に攻めて勝利をおさめた

この戦いの意義

信長は比叡山焼き討ち同様、宗教勢力に対して妥協しない強固な信念を見せつけた。容赦ない信長のやり方は広く世に知られるようになった

織田軍も元亀二年（一五七一）と天正二年（一五七四）に大規模な反撃に出たが、一揆勢のゲリラ戦に苦戦をしいられ、主力武将がそろって敗走させられた。

●兵糧攻め、銃殺、焼殺……

この戦いで庶兄や弟などを失った信長は天正二年七月、三度目の長島攻撃に打って出る。嫡男・信忠とともに八万の大軍を率いて侵攻したのだ。

村々の城に立てこもる門徒に対し、信長は九鬼嘉隆《くきよしたか》などの水軍を用いて海上を封鎖し、兵糧攻めを行なった。そして飢えに耐え切れず城外へ出てきたところを容赦なく銃殺。八月三日に降伏を申し出た者たちも一人残らず焼き殺した。

最後まで残った中江城と屋長島城に対しても火攻めを行ない、老若男女二万人を焼き殺した。信長はこうした残酷な方法で長島の一向一揆を壊滅させたのだ。

羽柴軍本陣
約2年に及ぶ兵糧攻めで、三木城内は飢餓地獄の様相を呈した
三木城本丸
八幡山砦

天正6年（1578）
〜
天正8年（1580）

三《み》木《き》城《じょう》の戦い

二年かけて干殺しにした秀吉の兵糧作戦

●三木の干殺し

天下統一を目指して着々と歩みを進める織田信長は、羽柴秀吉を中国方面の最高司令官に任命し、毛利氏が支配する中国攻めにとりかかる。

秀吉は、のちに「三大城攻め」と呼ばれる攻城戦術を用いて中国攻めを進めた。その第一弾が天正六年（一五七八）からの三木《みき》城の戦いで見せた兵糧攻め、いわゆる「三木の干殺《ほしごろ》し」だ。

天正五年（一五七七）、秀吉は毛利方の播磨《はりま》上月《こうづき》城を落として播磨を平定する。そして翌年二月、東播磨の別所長治《べっしょながはる》が織田方から毛利方へと鞍替えし、三木城に立てこもると、秀吉はこれに兵糧攻

合戦DATA

羽柴方 約2万
VS
別所方 約7000

播磨国
（兵庫県三木市）

ポイント

秀吉は三木城の四方を包囲し、周囲から完全に孤立させた。毛利軍の援軍も撃退し、三木城を徹底的に追い詰めた

めで対抗した。まず三月末に城下を焼き払い、周囲に柵を巡らせた後、二万の軍勢で城を取り囲み、城内への補給を遮断したのである。

毛利側は海上輸送での兵糧搬入を試みたが、陸揚げ後のルートを確保できずに断念。秀吉は徐々に包囲網を狭めていき、城内から脱出できないようにした。

二年後、三木城内は飢餓《きが》地獄の様相を呈す。別所長治は抗戦をあきらめ、城兵の助命を条件に自刃。秀吉は味方の犠牲を最小限にとどめて勝利した。

秀吉の中国攻め

①三木城の戦い
天正6年（1578）～天正8年（1580）

「三木の干殺し」と呼ばれる兵糧攻めにより、2年がかりで勝利する

▼

②鳥取城の戦い
天正9年（1581）

「渇(かつ)え殺し」と呼ばれる兵糧攻めにより、飢餓地獄を現出させる（→100ページ）

▼

③備中高松城の戦い
天正10年（1582）

川を堰き止めて城を水没させる水攻めにより、城主を切腹させる（→102ページ）

この戦いの意義

難攻不落の城を落としたことで、秀吉の策士としての評価が一気に高まった。中国平定にも大きく近づいた

武将列伝 羽柴（豊臣）秀吉
（1536～1598）

羽柴秀吉は尾張の貧しい百姓・弥右衛門の子として生まれ、信長に足軽として仕えていたときには木下藤吉郎と名乗っていた。浅井・朝倉両氏との戦いで信長に認められて長浜城主となり、羽柴秀吉に改名。本能寺の変後には明智光秀らを討ち、天下統一を成し遂げた。この後、関白・太政大臣となり、豊臣姓を賜る。大出世した秀吉だったが、晩年は朝鮮出兵などで失敗し、伏見城で病没した。

鳥取城上の丸
鳥取城天球丸
城の周囲を取り囲み、援軍から兵糧が運び込まれないようにしてある
羽柴軍

天正9年（1581）
6月〜10月

鳥取城《とっとりじょう》の戦い

秀吉得意の兵糧攻めで城内は阿鼻叫喚の飢餓地獄に

●用意周到な兵糧攻め

羽柴秀吉は「三木の干殺し」で三木城を落とし播磨を平定した後、山陰地方の因幡《いなば》へと向かう。そして天正九年（一五八一）、毛利方の吉川経家が守る鳥取城の攻略を開始した。

鳥取城は要害の地に位置しており、正面から攻めたのでは攻略は難しい。そこで秀吉は三木城の戦いと同じく、兵糧攻めを選択する。「渇《かつ》え殺し」と呼ばれる、秀吉の「三大城攻め」の第二弾である。

じつは鳥取城攻めは、秀吉出陣の数ヶ月前から準備されていた。まず因幡中の農民から米を高値で買い占め、毛利方が兵糧を調達できないように仕組む。次に

合戦DATA

羽柴方 約2万
vs
吉川方 約4000

因幡国
（鳥取県鳥取市）

鳥取城包囲網

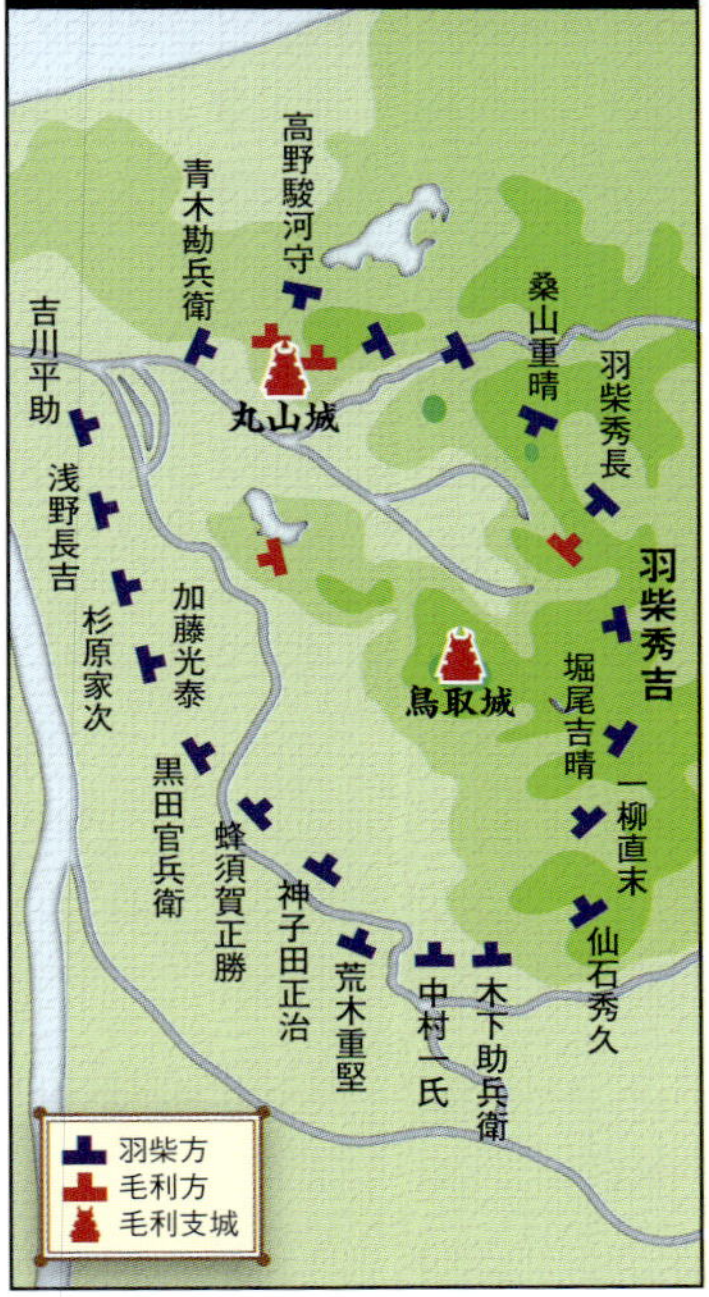

この戦いの意義

鳥取城をまたもや兵糧攻めにし、落城させた秀吉は、中国平定を目前にする

毛利氏の輸送船を奪うなどして補給路を断ち、鳥取城を孤立させた。

この段取りは病死した軍師・竹中半《たけなかはん》兵《べ》衛《え》に代わる新軍師・黒田官兵衛の進言によるものだった。

事前準備が整うと、秀吉は同年六月に二万の軍勢を率いて出陣、鳥取城の周囲に柵や井楼などを築き、蟻の這い出る隙間もないほど厳重に固めた。そして、その後は攻撃に出ず、城内の兵糧が尽きるのを待った。

城内の軍勢は四〇〇〇。もともと乏しかった兵糧はすぐになくなり、城兵は雑草、馬を食べて飢えをしのいだ。それもなくなると、ついには人肉を口にした。

十月、城主の経家はみずからの切腹と引き換えに降伏開城を申し入れる。秀吉の勝利である。このとき助かった城兵は極度の空腹状態で急に食事をとったため、多くが頓死《とんし》したという。

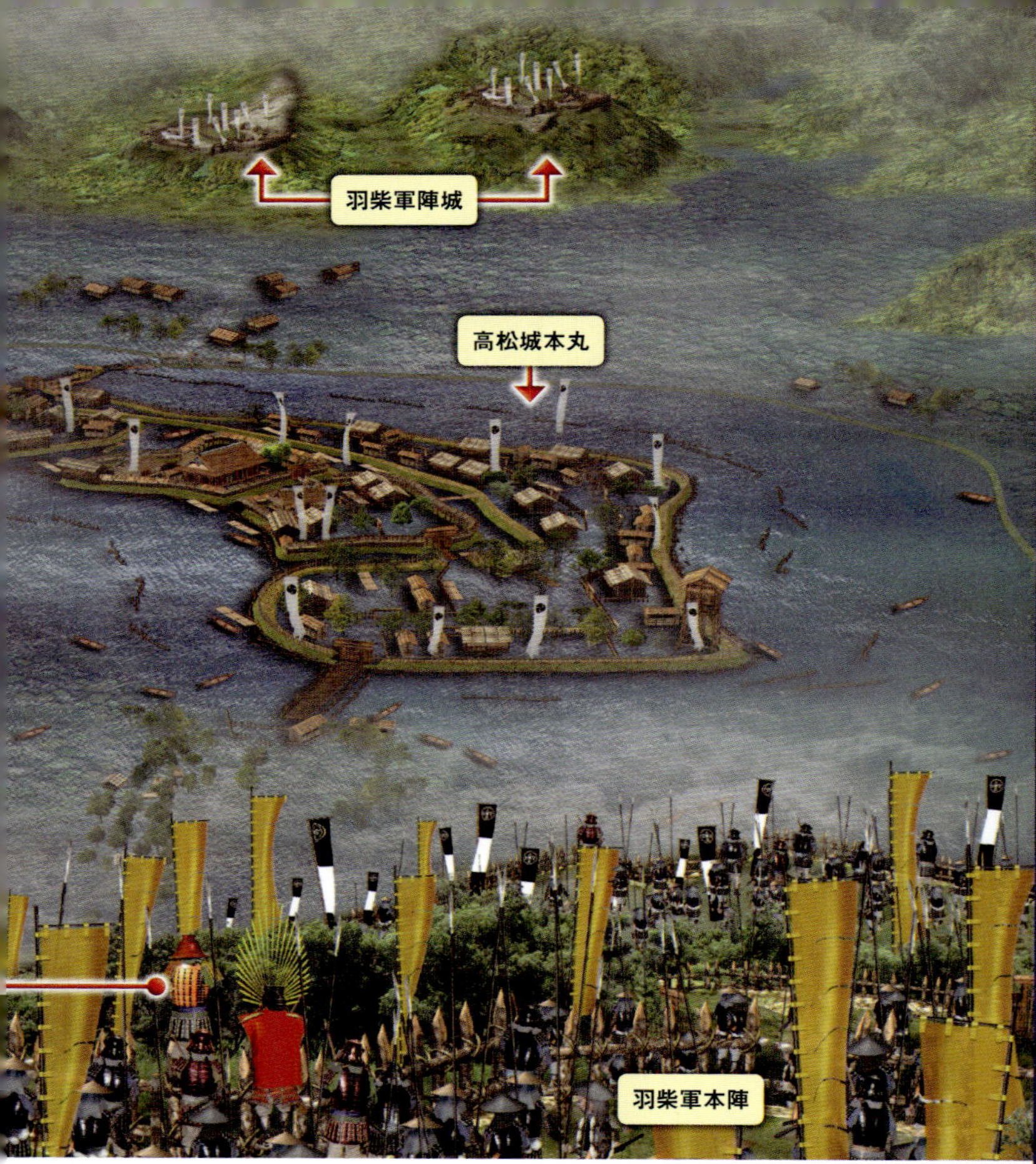

天正10年（1582）
4月～6月

備中《びっちゅう》高《たか》松《まつ》城《じょう》の戦い

城を丸ごと水没させる！ 常識を覆す秀吉の水攻め

●地形を利用して城を沈める

羽柴秀吉の「三大城攻め」、第三弾は天正十年（一五八二）四月から行なわれた「備中高松城の水攻め」である。

備中高松城は毛利氏の属城で、清水宗治が守っていた。五五〇〇もの兵がいるうえ、山と川、そして低湿地の泥田《どろた》に囲まれており、攻め落とすのは容易ではない。実際、秀吉は四月末に三万五〇〇〇の軍勢で総攻撃を仕掛けたが、多くの兵が泥田に足をとられて身動きできなくなったところを討たれていた。

そこで秀吉は軍師・黒田官兵衛の提案を受け入れ、この地の地形を利用した水攻めを行なうことにする。

合戦DATA

羽柴方 約3万5000
vs
清水方 約5500

備中国
（岡山県岡山市）

CloseUp

秀吉には黒田官兵衛という軍師がついていた。水攻めを提案したのも官兵衛で、彼が土木工事の指揮をとったとされる。土木工事の得意な者を配下に多く抱えていたことも大いに役立った

水攻めは地元住民を総動員して堤防を築き、足守川を堰き止めることで城を水に沈めてしまうというもの。堤防はわずか12日で完成し、周辺一帯が水浸しになったといわれる

羽柴軍陣城
高松城は西南に足守川が流れ、三方面は深い沼という立地にあった。その地形が羽柴軍を阻んでいた
ポイント
秀吉は堤防を築いて川を堰き止め、城ごと水に沈めた

秀吉は近隣の農民を総動員して城の周囲に全長約二・八キロ、幅最大二〇メートル、高さ約七メートルの大堤防を築き、足守川の水を堰き止め、堤内に引き入れた。その結果、城は徐々に水没、湖上に浮かんでいるような状態になる。もはや〝死に体〟である。

その後、秀吉は信長の来援を待ったが、やってきたのは主君の訃報だった。

秀吉は清水宗治の切腹を条件に講和を結び、急ぎ京へ駆け戻った。これを「中国大返し」という。

この戦いの意義

毛利氏と講和を結んだことで中国地方も平定され、天下人の座はほぼ決した。しかし、その座に座るべき人物はすでにこの世にいなかった……

天正10年（1582）
6月2日

本《ほん》能《のう》寺《じ》の変

明智光秀の裏切りにより露と消えた信長の野望

炎上の原因は、信長の命令とも明智軍の放った火矢ともいわれる
織田信長
明智軍
本能寺は寺院とはいえ、周囲に石垣や堀が巡らされた城郭のような施設だった

合戦DATA

明智方 約1万3000
vs
織田方 約100

山城国
（京都府京都市下京区）

ポイント
信長の護衛100に対し、光秀の軍勢は1万3000。多勢に無勢で、信長はなすすべなく自害した
明智軍
明智軍は1万3000もの軍勢で本能寺に迫った

本能寺への進軍ルート

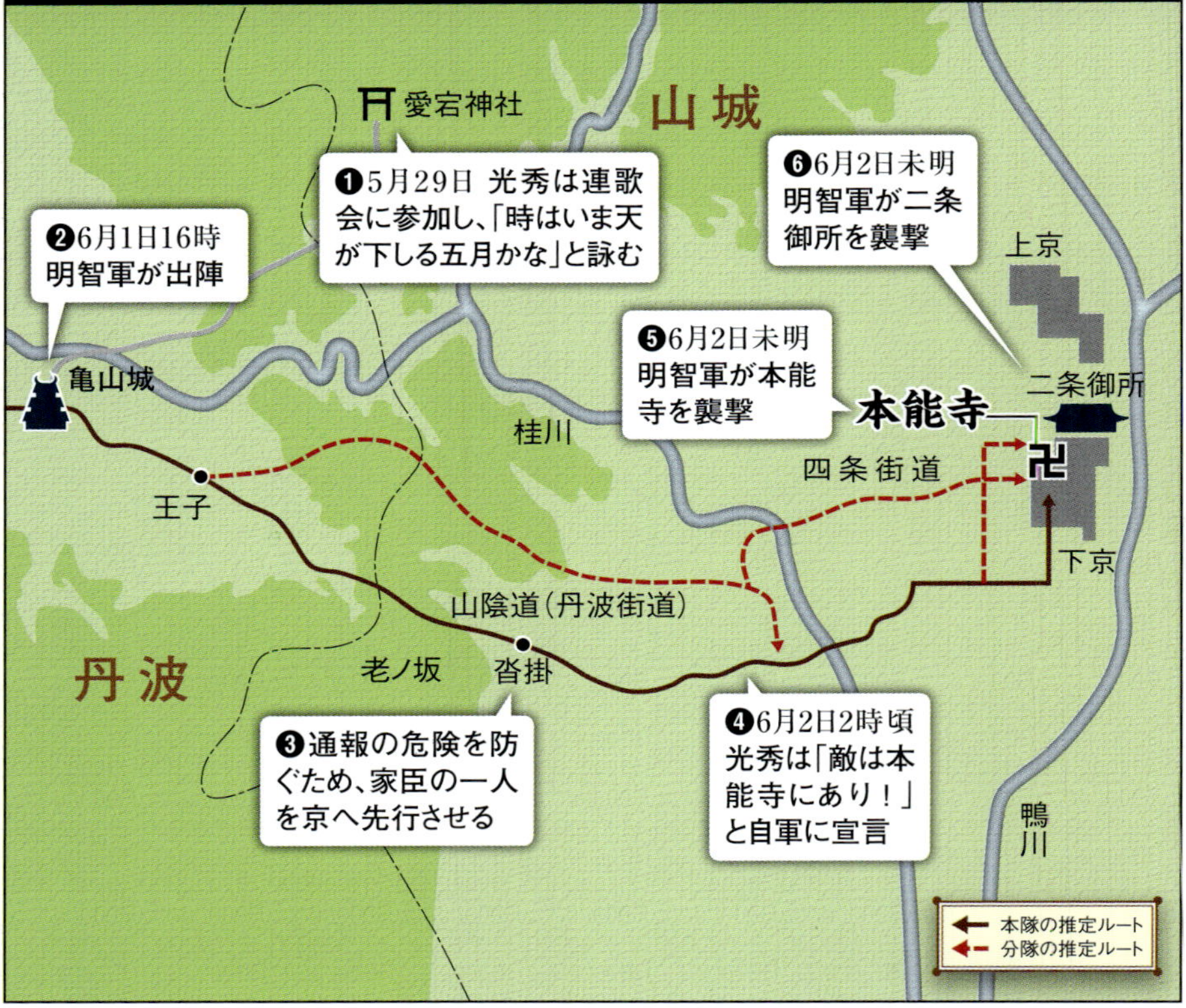

●敵は本能寺にあり！

天正十年（一五八二）六月二日、織田信長は京の常宿である本能寺に滞在していた。備中高松城を攻めている羽柴秀吉からの援軍要請を受け、みずから中国遠征に出向く途中だった。

その日の未明、信長を家臣の明智光秀が襲撃する。

光秀は先触れとして秀吉の援軍に向かうよう命じられており、一万三〇〇〇の軍勢を引きつれて居城の亀山《かめやま》城を出発した。ところが、老ノ坂という峠を越え、桂川《かつらがわ》にさしかかったところで「敵は本能寺にあり！」と味方の兵に告げ、本能寺に向かったと伝えられる。

●炎のなかで自刃した信長

光秀の軍勢は本能寺を包囲すると、すぐさま討ち入った。当時、寺には一〇〇

戦場はいま

本能寺

本能寺は光秀の襲撃時には四条西洞院（現京都市下京区）に建っており、焼失後、豊臣秀吉によって中京区の現在地に移された。現在は能という字を「䏻」に替えて使用しているが、これは本能寺の変を含めて５回も火災にあっているため、「匕」（火）が「去」るようにという意味を込めて替えたものとされている。境内には信長の供養塔があり、参拝できるようになっている。

現在の本能寺

黒幕は誰?

足利義昭説
信長が室町幕府を滅ぼしたことに恨みをもち、信長を倒して幕府再興を狙っていた!?

朝廷説
信長が天皇家をぞんざいに扱い、その存在自体を脅かしたため、光秀に密勅を与えた!?

羽柴秀吉説
光秀が謀反を起こすであろうことを予期しながら、みずからの天下を狙って信長に進言しなかった!?

徳川家康説
信長とは同盟関係にあったが、朝廷の実力者である近衛前久と密約を結んでいた!?

高野山説
仏教の権威をいっさい認めないばかりか、みずからを神とした信長を許しがたい存在とみなした!?

ルイス・フロイス説
神を認めようとしない信長に反感をもち、宣教師として身の危険を覚え、光秀をそそのかした!?

程度の兵しかおらず、次々と打ち倒されていった。最初は状況を理解できなかった信長も、光秀の謀反だと知るとみずから弓矢を放ち、槍をふるって応戦する。しかし、多勢に無勢だった。

もはやこれまでと覚悟を決めた信長は、室内に下がり、本殿《ほんでん》に火を放つ。そして炎に包まれるなか、腹をかききって壮絶な最期を遂げたといわれている。

光秀は二条御所《にじょうごしょ》にも一部の部隊を向かわせていた。そこに滞在していた信長の嫡男・信忠は御所に立てこもり、一緒にいた親王を逃がしたものの、最後は自刃して果てた。

天下統一を目前にした信長は、こうして世を去ったのである。

●重臣の留守中に起こった悲劇

当時、信長の重臣たちは秀吉をはじめとしてみな各地に遠征に出ていたため、

信長の周囲には十分な軍勢がいなかった。光秀はこのときを千載一遇《せんざいいちぐう》のチャンスととらえ、謀反に及んだのである。

信長が経済活性化を目的に関所を撤廃していたことも災いした。関所がないため、光秀の軍勢が京に入る動きを察知できなかったのだ。

●私怨か、それとも黒幕がいた？

ではなぜ、光秀は主君である信長を裏切ったのか。浪人だった光秀を取り立て、重臣にまで引き立てたのは信長である。その大恩ある主君に反旗を翻すのだから、それなりの理由があったに違いない。

その理由については諸説あるが、怨恨《えんこん》説が昔から根強くある。

中国遠征の直前、光秀が徳川家康を接待した際、満座のなかで信長に不手際を叱責されたこと、八上城攻略のために人質に送った母親を信長の判断により殺さ

本能寺本殿
本能寺には小姓衆と侍女たち、そしてわずかばかりの武士しかいなかった

れたこと、光秀が苦労して締結した四国の長宗我部氏との和睦を信長に反故にされたことなどが恨みの元とされる。

　また、光秀の背後に黒幕がいた可能性も指摘されている。

　その黒幕については天皇家をぞんざいに扱う信長に反感を抱いた朝廷だとか、神仏を認めようとしない信長を追い払いたい宣教師のルイス・フロイスではないかなどさまざまにいわれている。

　いずれも真相はわからない。本能寺の変はあまりに多くの謎に包まれている。

CloseUp

みずから槍をとって戦う信長。最初は弓で応戦し、弦が切れると槍で敵を追い払った。しかし手傷を負うと室内に退き、もはやこれまでと自刃したとされる

この戦いの意義

天下統一を目前にしながら、みずからの家臣によって亡き者とされてしまった信長。これによって、戦国時代の覇権の行方は再び混沌とした状況になり、次の天下人の座を秀吉や家康が狙い始めた

武将列伝　明智光秀
（1528?～1582）

　明智氏は美濃の土岐氏の一族とされ、光秀は斎藤道三に仕えていた光綱の子として生まれた。当初は朝倉義景に仕えていたが、足利義昭が京から逃れてくると義景を見限って織田方に鞍替えし、義昭とともに信長を頼った。やがて信長に重用されるようになり、京や安土に近い丹波に領地を得る。荒くれ者ぞろいの織田家の家臣団のなかでは教養が高く、その点が信長に評価されたともいわれている。

天正13年（1585）
8月～11月

第《だい》一《いち》次《じ》上《うえ》田《だ》合《かっ》戦《せん》

徳川家康を手玉にとった反骨の一族・真田氏の智謀

城壁の石落としから、落石・落木攻撃を行なう
徳川軍

合戦DATA

真田方 約2000弱
vs
徳川方 約7000

信濃国
（長野県上田市）

ポイント
真田昌幸は徳川軍を城下に誘い込み、四方から逆襲をかけて敗走させた
真田軍の放火により、徳川軍は大混乱
真田軍
複雑な路地に追い込み、柵の外から攻撃
真田軍
千曲川

真田信繁（幸村）

真田昌幸

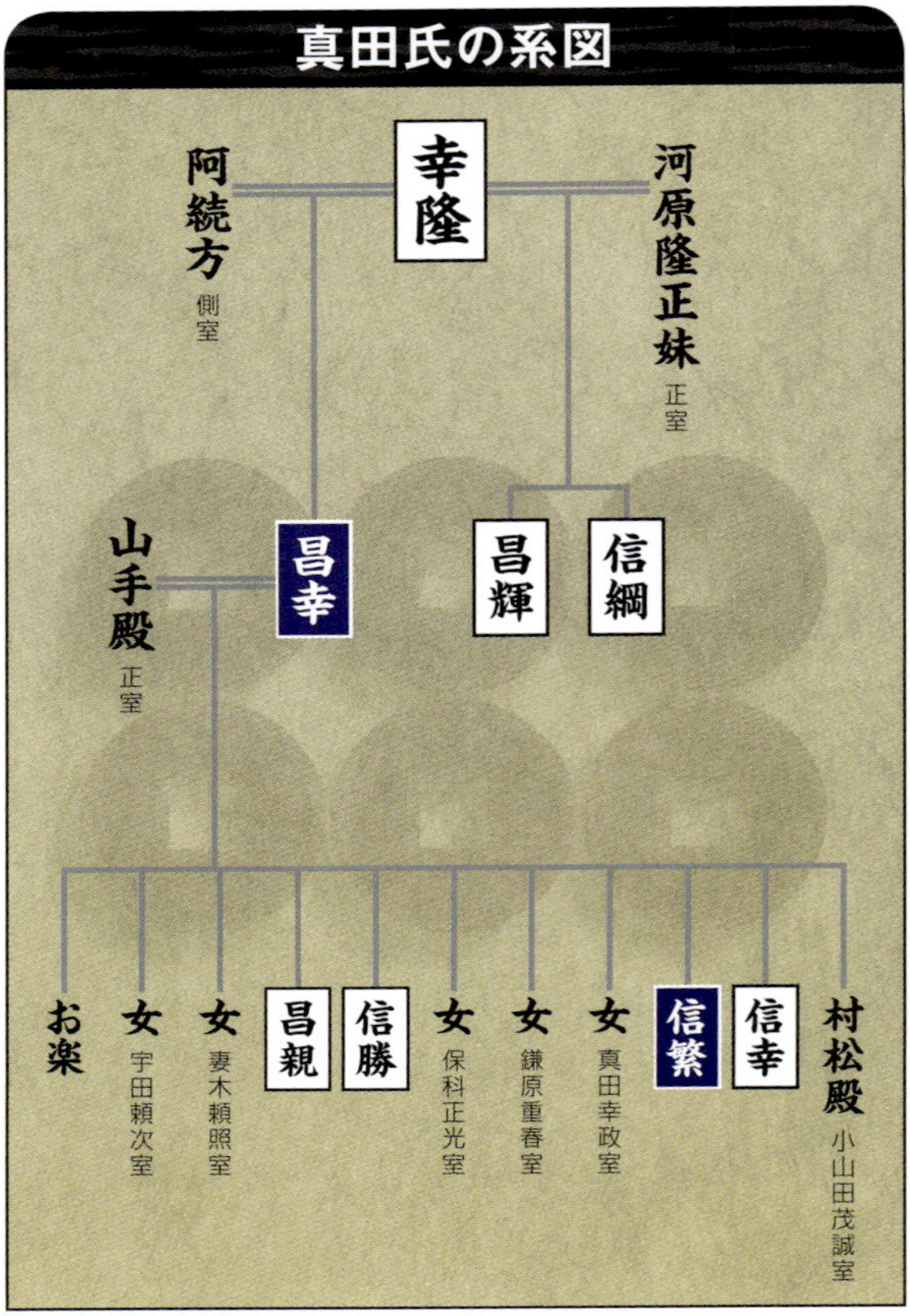

●真田氏の寝返り

本能寺の変後、徳川家康は織田家の領土となっていた甲斐や信濃の旧武田領を手中にしようとあれこれ動いていた。これに対し、北条氏政も旧武田領へと侵入して、領土拡大をはかった。徳川氏と北条氏による領土争いの勃発である。

しかし天正十二年（一五八四）、家康は信長の後継者問題で秀吉と対立、武力衝突が避けられない情勢になる。

家康は、後顧の憂いを除くため、北条氏直とのあいだで和睦交渉を行ない、和睦の条件として真田氏の領地である上野《こうずけ》の沼田を引き渡すと約束した。

これに怒ったのが真田昌幸だ。当時、昌幸は家康に臣従していたが、領地の割譲など事前に一言も聞いていなかった。昌幸は家康の理不尽な命令を拒否し、徳川氏と敵対している上杉氏を頼った。

真田昌幸の戦術

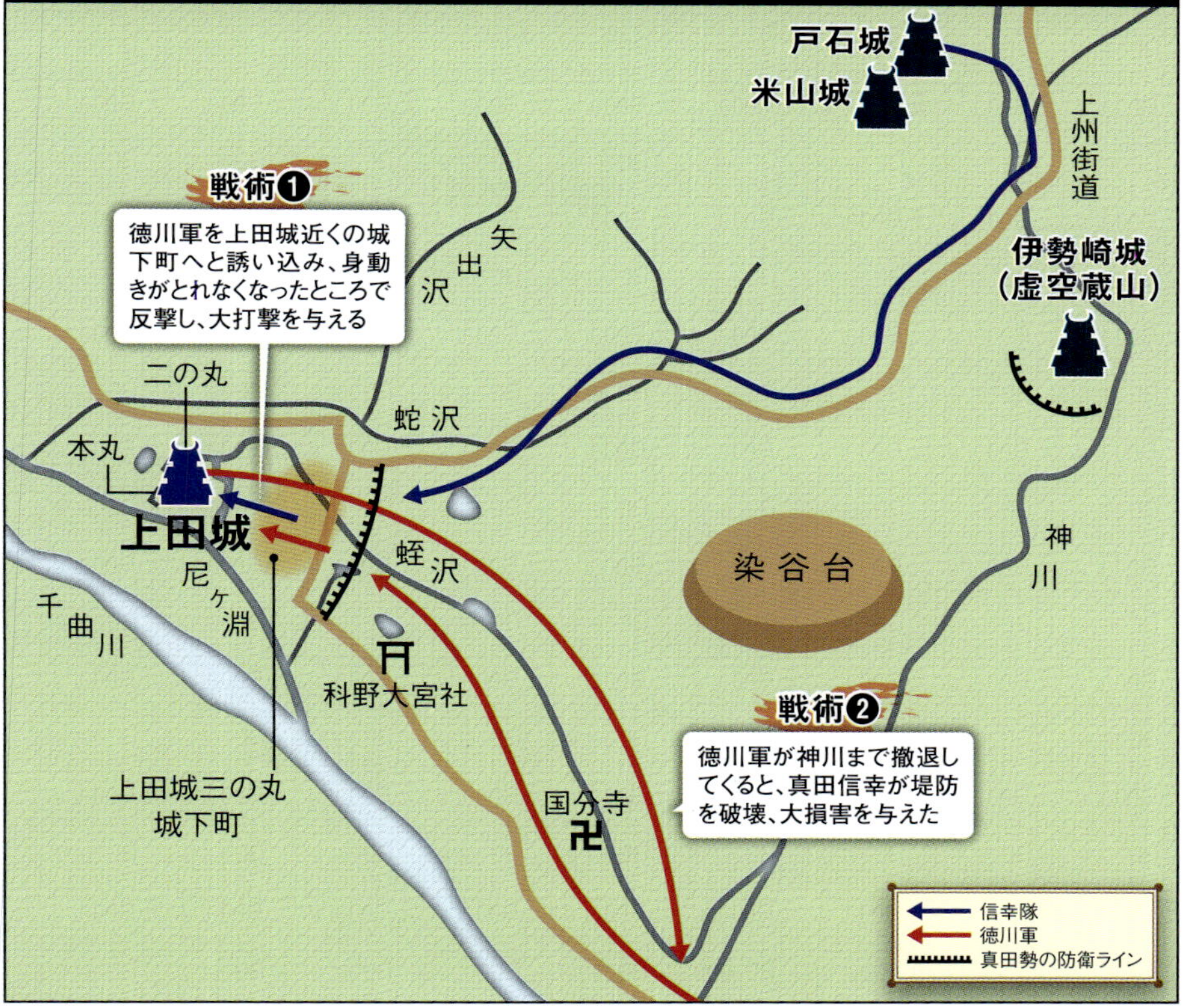

●昌幸に手玉に取られた徳川軍

昌幸の離反を見過ごせない家康は天正十三年（一五八五）八月、昌幸の本拠・上田城に七〇〇〇の軍勢を送り込む。

徳川軍は二〇〇〇弱の真田軍を一気につぶそうと、正面から力押しで攻撃。真田軍の兵が退くと、城内二の丸まで踏み込んだ。しかし、昌幸はこのときを待っていた。敵を引きつけたとみるや、仕掛けていた大木を徳川軍の上に落としたのである。

突然の頭上からの攻撃に押しつぶされ、逃げ惑って動揺する徳川軍。そこへ城内の櫓の四方八方から鉄砲や弓矢が襲う。徳川軍は大混乱に陥り、われ先にと城外へ逃げ出した。その徳川軍を昌幸も城内から打って出て追撃する。

さらに昌幸の長男・信幸（のちに信之と改名）が戸石城から出陣して徳川軍を

真田軍
神川の堰を決壊させ、徳川軍を水攻めにする

横からつき、徳川軍の混乱に拍車がかかる。敗走しようにも城下には曲がりくねった千鳥掛柵が設けられていたため身動きがとれず、多くの兵が討ちとられた。

その先の神川まで逃げ延びた者もいた。しかし、そのタイミングで真田方が川の流れを堰き止めていた堤防を決壊させ、生き残りの徳川軍を水攻めにした。

結局、徳川軍は昌幸の知略によって一三〇〇以上の犠牲者を出してしまい、家康にとっては三方ヶ原の戦い（→38ページ）以来の大敗北となったのである。

●重臣の出奔で戦いに終止符

その後、家康は上田城の南東に位置する丸子城を攻撃するも、またもや陥落させることができず、にらみ合いの状態をしばらく続けた。

九月には家康の命により、井伊直政ら五〇〇〇の軍勢が援軍にやってくる。家

神川
ポイント
逃走する徳川軍に対し、真田軍は水攻めを決行。真田父子の考え抜かれた戦略により、徳川軍は惨敗した
真田軍

康はどうしても負けたまま終わりにしたくはなかったのだろう。

しかし十一月に入り、徳川方の事情が一変する。留守を預かっていた家康の重臣・石川数正が出奔し、最大の敵である秀吉方へ走ってしまったのである。

これにより秀吉に徳川方の情報が筒抜けになってしまう恐れが生じた。家康は真田氏との戦いどころではなくなり、慌てて信濃から撤退していった。

徳川の大軍を少数で撃破――。昌幸の武名は天下に知れ渡ることになった。

上田城の俯瞰図

城下町は入り組んだ造りになっており、徳川軍は見通しがきかなかった

この戦いの意義

信濃・上野における真田氏の支配が確固たるものになり、昌幸の武名が天下に轟くことになった

武将列伝 真田昌幸

(1547〜1611)

信濃の大名・真田家の系譜は幸隆に始まる。昌幸は幸隆の三男で、最初は父とともに武田氏に仕えた。武田氏滅亡後は上田城を本拠とする独立した大名となり、関ヶ原の戦いの前哨戦で華々しい活躍をみせた。昌幸の次男・信繁は「幸村」の名でも知られる人気の武将。関ヶ原の戦いでは父とともに西軍に参加、大坂冬の陣では要塞「真田丸」を築いて徳川軍に大損害を与え、後世に名を残した。

忍城
豪雨と手抜き工事で堤防が決壊すると、濁流が石田方を襲い、約300人が溺死した
石田軍

天正18年（1590）6月～7月

忍《おし》城《じょう》の戦い

秀吉にはなれず……失敗に終わった三成の水攻め

●唯一落城しなかった北条方の城

羽柴秀吉は、主君・織田信長を裏切った明智光秀を山崎の戦い（→56ページ）で破り、徳川家康を小牧・長久手の戦い（→128ページ）で抑え、信長の後継者としての地位を確固たるものにした。さらには関白・太政大臣に就任し、朝廷から「豊臣」の姓を賜るなど、名実ともに天下人らしくなりつつあった。

天正十八年（一五九〇）には関東の覇者・北条氏を滅ぼすべく、小田原攻め（→118ページ）を実施。その一環として、関東一円に広がる北条方の支城の一つである忍城を攻撃した。

忍城は荒川《あらかわ》と利根川《とねがわ》に挟まれた低湿地

合戦DATA

成田方 約2600
vs
石田方 約2万3000

武蔵国
（埼玉県行田市）

水攻めの失敗

上之
池守
和田
荒川（現在の元荒川）
浸水池
忍城
現在の荒川
久下
太井
堤根
石田軍
石田堤
吹上
豪雨と成田方に味方する人夫の手抜き工事により、堤防が決壊。水攻めは失敗に終わる

石田堤はいまなお残っている

この戦いの意義

三成は秀吉の家臣のなかでも高位に位置づけられていたが、この敗戦により戦下手というイメージが定着し、武将としての評価を下げてしまった

石田軍は約28キロもの堤防（石田堤）を築き、忍城の建つ低湿地に荒川と利根川の水を流し込んだ
ポイント
石田三成は豊臣秀吉に倣った水攻めで忍城を落とそうとした

に位置する城で、北条方の支城のなかで唯一、落城していなかった。

●秀吉の水攻めを再現できず

秀吉から忍城攻略を命じられた石田三成が二万三〇〇〇の大軍を率いて進軍すると、忍城の成田《なりた》氏は籠城戦に打って出る。それに対して三成は、秀吉が指揮をとった備中高松城の戦い（→102ページ）を再現しようと、城の周囲に堤防を築いて水攻めを敢行したのである。

しばらくすると城は水没し始めたが、川からの水が足りなかったため完全には沈まず、城が水に浮かんでいるような状態になっただけだった。

結局、三成の水攻めは失敗に終わった挙げ句、城兵によって堤防が壊され、石田軍に三〇〇近い犠牲者が出てしまう。

そして三成はこの戦いで評価を下げ、戦下手の武将と認識されたのだった。

天正18年（1590）
3月〜7月

小《お》田《だ》原《わら》城《じょう》包囲戦

北条氏を臣従させ、秀吉の天下統一が実現！

相模湾には九鬼嘉隆や長宗我部元親などの水軍が呼び寄せられた
早川
小田原城の9つの出入口に徳川家康、織田信雄などの主力を配置
石垣山一夜城

合戦DATA

豊臣方 約22万
vs
北条方 約5万6000

相模国
（神奈川県小田原市）

ポイント
長期滞陣を覚悟した北条氏に対して、秀吉は22万の大軍勢で包囲網を構築し、籠城を断念させた
小田原城本丸
北条方は城と城下町を含めた外周を、堀や塀で丸ごと取り囲んでいた
小田原城を一望できる石垣山に本陣を置き、北条軍に圧力をかけた
豊臣秀吉

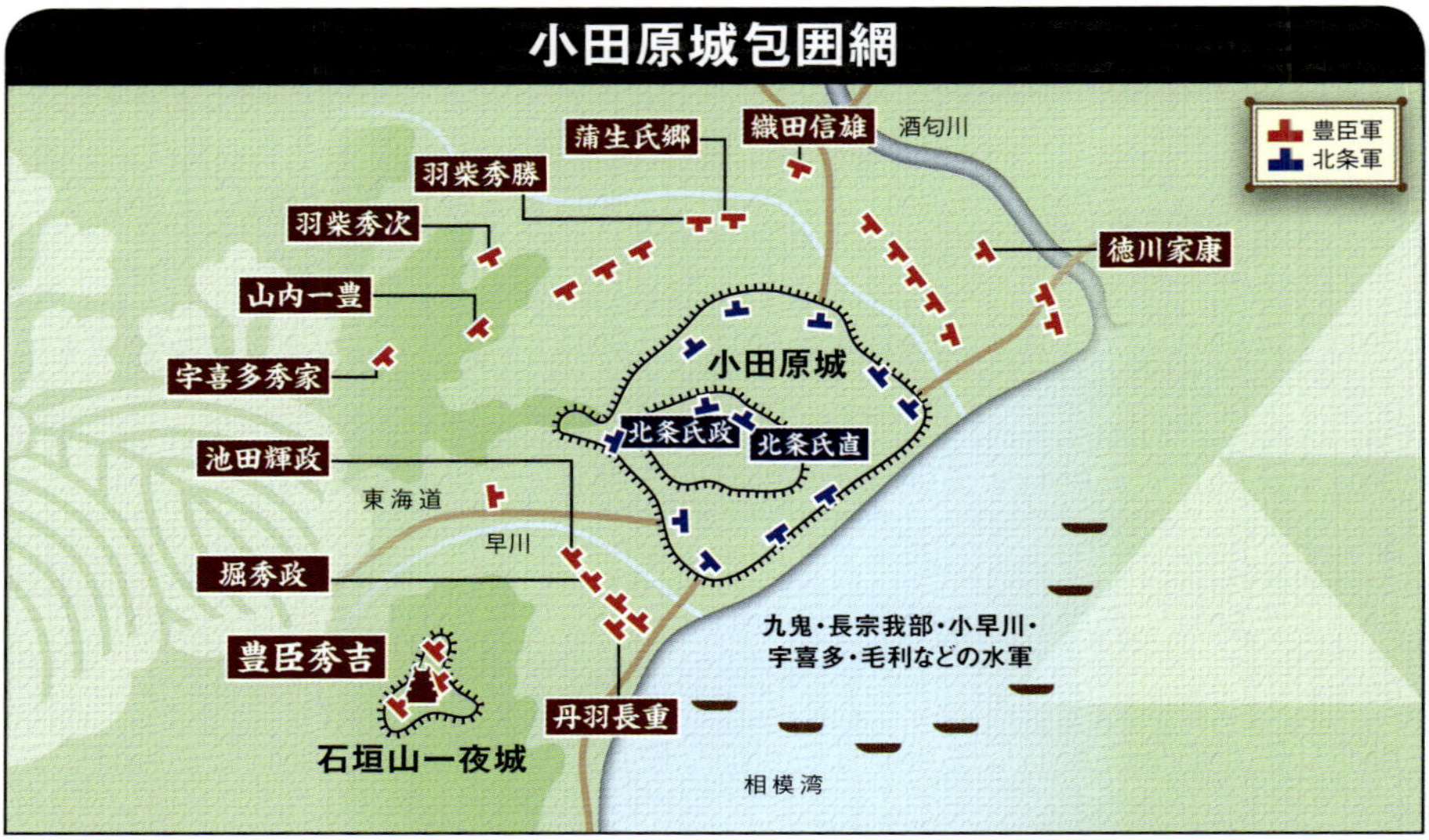

石垣山一夜城跡

現在の小田原城

●堅城・小田原城での籠城戦

豊臣秀吉による小田原攻めは、天正十八年（一五九〇）に始まった。

天正十五年（一五八七）に九州平定を成し遂げた秀吉にとって、残された非支配地域は関東と奥州のみ。関東を支配する北条氏に対しても臣従を求めたが、北条氏政・氏直が無視したため、小田原攻めに着手することになったのである。

まず天正十八年一月から、前田利家や上杉景勝が、関東一円に広がる北条方の支城攻略を開始し、次々に陥落させていく。三月には秀吉が京を発ち、九鬼嘉隆、長宗我部元親、小早川隆景らの水軍も含め総勢二二万もの大軍で小田原城を包囲した。

一方、北条方の軍勢は農民をかき集めても五万六〇〇〇。抗戦か臣従か迷いに迷ったすえ、籠城戦を挑むことにした。

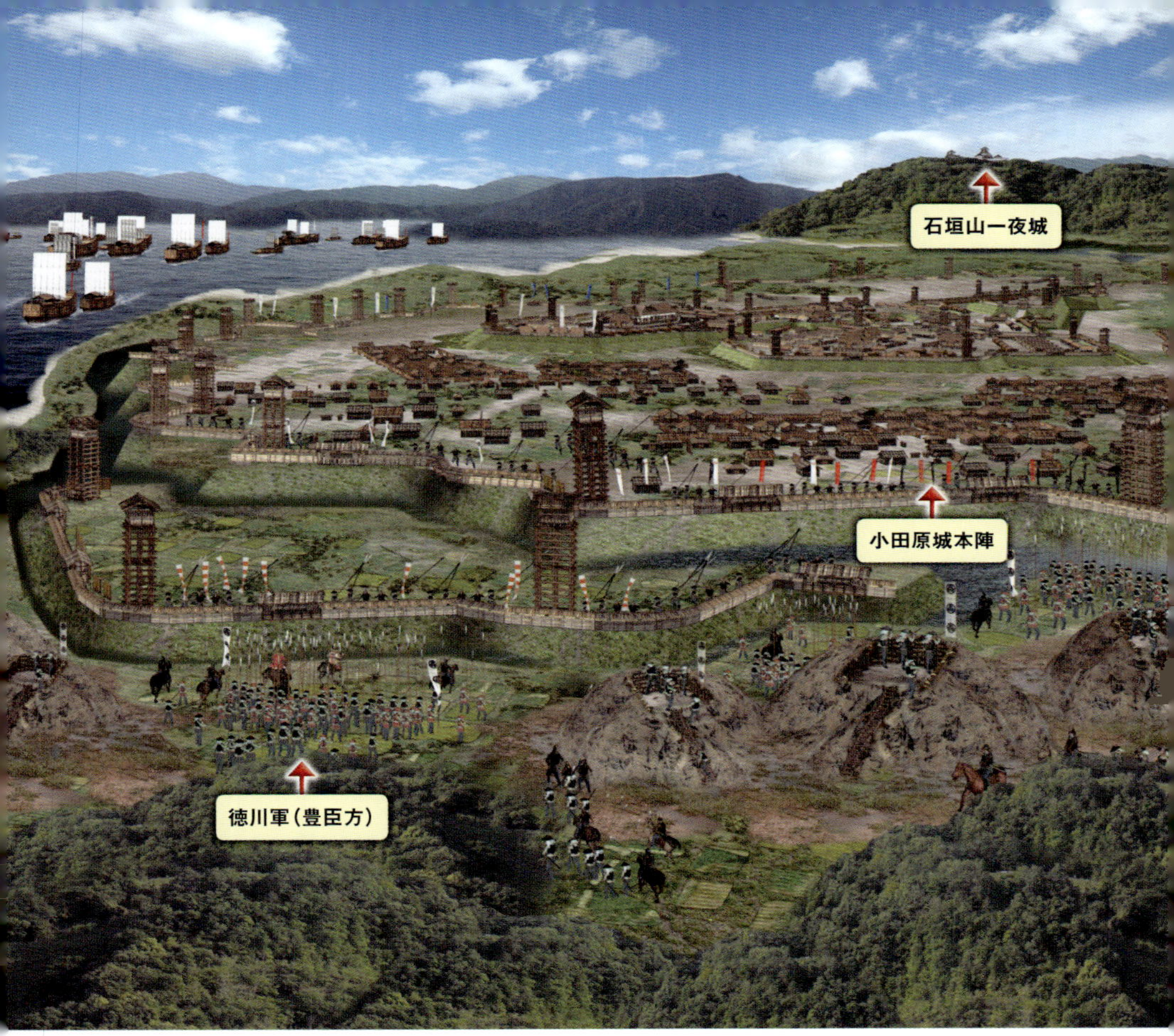

●北条方の士気を下げた一夜城

次に秀吉は、心理戦を展開する。茶会《ちゃかい》や行楽《こうらく》を楽しむ様子を北条方に見せつけたり、支城を落とすたびにそれを通告したりして戦意を喪失させたのである。

さらには小田原城を見下ろす石垣山《いしがきやま》に城を築き、それが完成した六月の深夜に城の前面を覆っていた樹木を一気に伐採した。これを見た北条方は「一夜のうちに城ができた！」と仰天し、とても勝ち目がないと大きく士気を下げた。

そして七月五日、北条氏直はついに降伏。前当主・氏政と重臣ら四名は切腹し、小田原城を開城した。

これにより秀吉の天下統一が実現したのである。

この戦いの意義

秀吉は小田原城の落城に先んじて、奥州の伊達政宗を臣従させていた。北条氏が臣従したことで敵対者はいなくなり、ここに豊臣の天下が訪れた

天守
内応者が城内に放火したのを機に西軍が攻め込むと、城主の鳥居元忠らは自刃、城は炎上した
三重櫓

慶長5年（1600）
7月～8月

伏《ふし》見《み》城《じょう》の戦い

家康、ついに動きだす！
関ヶ原の前哨戦

●家康の誘いに乗った三成

豊臣秀吉は天下統一を果たすと独裁色の強い政権運営を行ない、文禄元年（一五九二）と慶長二年（一五九七）に大陸遠征を実施する（↓130ページ）。

しかし、朝鮮半島で日本軍は明《みん》・朝鮮連合軍の抗戦にあい、大苦戦。戦いのさなか、秀吉は伏見《ふしみ》城で没した。

その後、まだ幼かった秀吉の子・秀頼に代わって五大老筆頭格の徳川家康が政権を主導し始めるが、五奉行一の実力者の石田三成が反発。家康率いる東軍と三成ら西軍に分かれて覇を競う、関ヶ原の戦いへと突き進んでいく。その前哨戦となったのが、伏見城の戦いである。

合戦DATA

西軍 約4万
vs
東軍 約1800

山城国
（京都府京都市伏見区）

戦場はいま

伏見城

西軍の攻撃で落城した伏見城は、天下人となった徳川家康によって再建された。しかし、元和5年（1619）に一国一城令で廃城とされてしまい、再び姿を消した。現在、華麗な天守を有する伏見城が建っているが、これは模擬天守。形も場所も往時とは異なる、まったく別の城である。

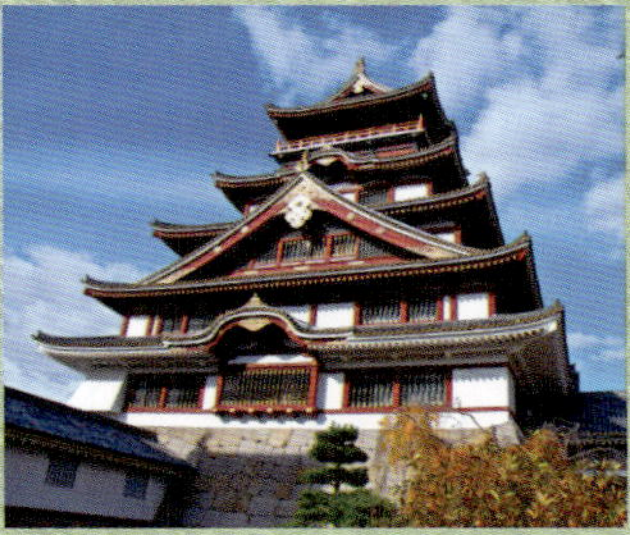

現在の伏見城

この戦いの意義

家康は三成に攻められたことで、三成討伐の大義名分を得ることになった

ポイント
伏見城の城兵たちはよく守っていたが、三成の内応工作によって落城に追い込まれた
三重塔
西軍はさまざまな攻城兵器を用いたが、東軍の抵抗が激しく城内への侵入は難航した
西軍

甲賀の内通によって落城する

慶長五年（一六〇〇）六月、反徳川派を一掃して天下人になろうともくろむ家康は、三成のほうから挙兵させようと、上杉景勝討伐を口実にして大坂を発つ。

三成は家康の罠《わな》とは知らず、小早川秀秋や宇喜多秀家《うきたひでいえ》らとともに家康の京都の居城である伏見城を包囲、七月十九日から四万の軍勢で総攻撃を開始した。

伏見城で家康の留守を任された鳥居元《とりいもと》忠《ただ》は籠城を決め込み、一八〇〇の軍勢で激しく抵抗、戦いは長期戦になった。

しかし二十五日、小早川軍が猛攻に出て、城内の者に内応を求めると、甲賀武士が応じ、城に火を放つ。元忠は奮闘したが、城は火の海に包まれて落城した。

こうして家康は、伏見城を〝捨て石〟として三成を挙兵させることに成功。三成を討伐する大義名分を得た。

城下町は迷路のようになっていた
ポイント
真田軍は徳川軍が城内に押し寄せたところを矢や鉄砲で集中攻撃し、徳川軍に大打撃を与えた

慶長5年（1600）
9月6日〜10日

第《だい》二《に》次《じ》上《うえ》田《だ》合《かっ》戦《せん》

東軍の足止めに成功！あまりに見事な真田の軍略

合戦DATA

真田方 約5000
vs
徳川方 約3万8000

信濃国
（長野県上田市）

●父子、兄弟が敵同士に

慶長五年（一六〇〇）七月、石田三成が兵を挙げたとき、徳川家康は上杉討伐のために下野に進出していた。だが三成挙兵の報せを受けると、討伐を中止して西上し始める。

このとき、真田氏は東軍と西軍のどちらに加勢するかを決めかねていた。

もともと真田氏は、先祖伝来の土地を安堵してくれた秀吉に恩義を感じていた。また、昌幸の長男・信幸（のちに信之と改名）は徳川方の娘を、次男・信繁（幸村）は豊臣方の娘を嫁に迎えており、どちらに味方しても角が立ってしまうため、身の振り方を考えあぐねていた。

そこで真田氏は、一計を案じる。昌幸と信繁は西軍に、信幸は東軍につくことにしたのだ。どちらが勝利したとしても、真田氏は生き残れるというわけである。

八月二十四日、家康の子・秀忠の軍勢は下野の宇都宮を発ち、昌幸を味方に引き入れるために信州へ入った。

そして東軍の信幸が昌幸を説得すると、昌幸は意外と素直に応じ、居城の上田城の開城準備にとりかかった。

ところが、なかなか開城しない。じつは、これは時間稼ぎで、昌幸は戦の準備をしていた。真田氏一流の謀略である。

●真田軍が知略で大軍を撃退

謀《はか》られたと知った秀忠は激怒し、上田城への攻撃を開始する。

九月六日、上田城を包囲した徳川軍は城周辺の稲を刈りとり、真田方を挑発。真田軍はたまらず上田城から出撃した。

上田城の縄張

真田氏が徳川軍を二度も撃退できたのは、戦術の巧みさもさることながら、上田城の力も大きかった。南面する尼ヶ淵の断崖が天然の要害で、北面と西面は広大な堀に守られている。さらに城全体が侵攻してきた敵を誘い込んで殲滅する造りになっている。寡兵でも大軍と対等に戦える名城なのだ

数で勝る徳川軍は城門近くまで押し寄せる。しかし、真田軍はあっさり城内へ引き返し、徳川軍が押し寄せたところを矢や鉄砲で集中攻撃し、大打撃を与えた。

さらに真田軍は、城近くの神川の水を堰き止めておき、徳川軍が引きつけられたところで堤防を崩壊させ、流し去った。

秀忠はなおも攻撃しようとしたが、美濃で家康軍と合流する手はずになっていたため、攻撃を中断する。いつまでも上田城に関わってもいられなかった。

十日、秀忠は城攻めをあきらめ美濃へ向かうが、一週間の浪費がたたり、関ヶ原の戦いに間に合わなかった。

昌幸は関ヶ原には参加しなかったが、代わりに徳川の主力部隊を足止めする役割を果たしたのである。

この戦いの意義

真田昌幸の策略によって、徳川秀忠は長らく足止めされ、何より大事な関ヶ原の戦いに遅参することになった

第三章

会戦

大軍同士が衝突し、歴史を変えた決定的瞬間

池田恒興
②
羽柴秀次の窮地を救うために
駆けつけた池田と森が討ち死
にして、羽柴方の敗戦となった
①
岩崎城は徳川方の城。
池田恒興と森長可は当
初、この城を攻めていた
岩崎城

天正12年（1584）
3月～11月

小《こ》牧《まき》・長《なが》久《く》手《て》の戦い

局地戦での敗戦を外交戦術で巻き返した秀吉

●秀吉に挑む家康・信雄連合

織田信長亡き後、明智光秀や柴田勝家を倒して天下統一の道をひた走る羽柴秀吉。その前に立ちはだかったのが、東海五ヶ国を領有する徳川家康だった。

秀吉に対してみずからの存在を誇示しようともくろむ家康は、信長の後継者候補から外されて不満を抱いていた信長の次男・信雄《のぶかつ》と結託。四国の長宗我部元親や紀州の雑賀衆・根来衆などとも結び、秀吉包囲網を構築していった。

そして天正十二年（一五八四）、小牧・長久手で秀吉と激突することになった。徳川・織田軍二万、羽柴軍一〇万。大軍と大軍が争う「会戦」である。

合戦DATA

羽柴方 約10万
vs
徳川・織田方 約2万

尾張国
（愛知県）

対立の構図

小牧・長久手の戦いは、同地での合戦だけにとどまらず、全国各地に戦線が広がっていた

この戦いの意義

ライバルの家康をおさえることに成功した秀吉は、信長の後継者としての地位を確固たるものにした

ポイント

戦局は徳川・織田連合軍が優勢だったが、秀吉が講和を成立させたことで停戦となった

三月六日、羽柴軍の池田恒興が犬山城《いぬやまじょう》を攻略して初戦を勝利で飾る。羽黒《はぐろ》の戦いでは徳川四天王の一人、榊原康政《さかきばらやすまさ》が森《もり》長可《ながよし》を敗走させた。その後、羽柴軍は犬山の楽田に、徳川軍は小牧山に着陣。こうして小牧・長久手の戦いが幕を開けた。

長い膠着《こうちゃく》状態を打破したのは羽柴軍だった。四月、秀吉は池田の提案を受け、甥の秀次を大将とする別働隊を組織し、家康が留守にしている三河に攻め入ろうとした。この作戦はすぐ家康の知るところとなり、池田と森が長久手で討たれてしまうが、羽柴軍は崩れない。

秀吉は信雄を軍事的に脅迫する作戦に転じ、十一月には講和を成立させた。こうなると「信長の真の後継者を無視して政治を行なう無礼者を討つ」という家康の大義名分がなくなってしまい、停戦せざるを得なくなった。外交戦略に秀でた秀吉らしい戦いぶりといえるだろう。

天守(5層7階)
豊臣秀吉は肥前の名護屋城を前線基地として朝鮮半島に大軍を送った
諸大名の陣屋
日本軍の軍船
安宅船という軍船に乗って海を渡った兵士の数は、合計29万に及んだ

文禄元年(1592)
〜
慶長3年(1598)

文《ぶん》禄《ろく》・慶《けい》長《ちょう》の役《えき》

国内だけでは飽き足らず……
秀吉が進めた無謀な大陸侵攻

合戦DATA

明・朝鮮軍 数十万
vs
日本軍 約15万+約14万

朝鮮半島各地

名護屋城

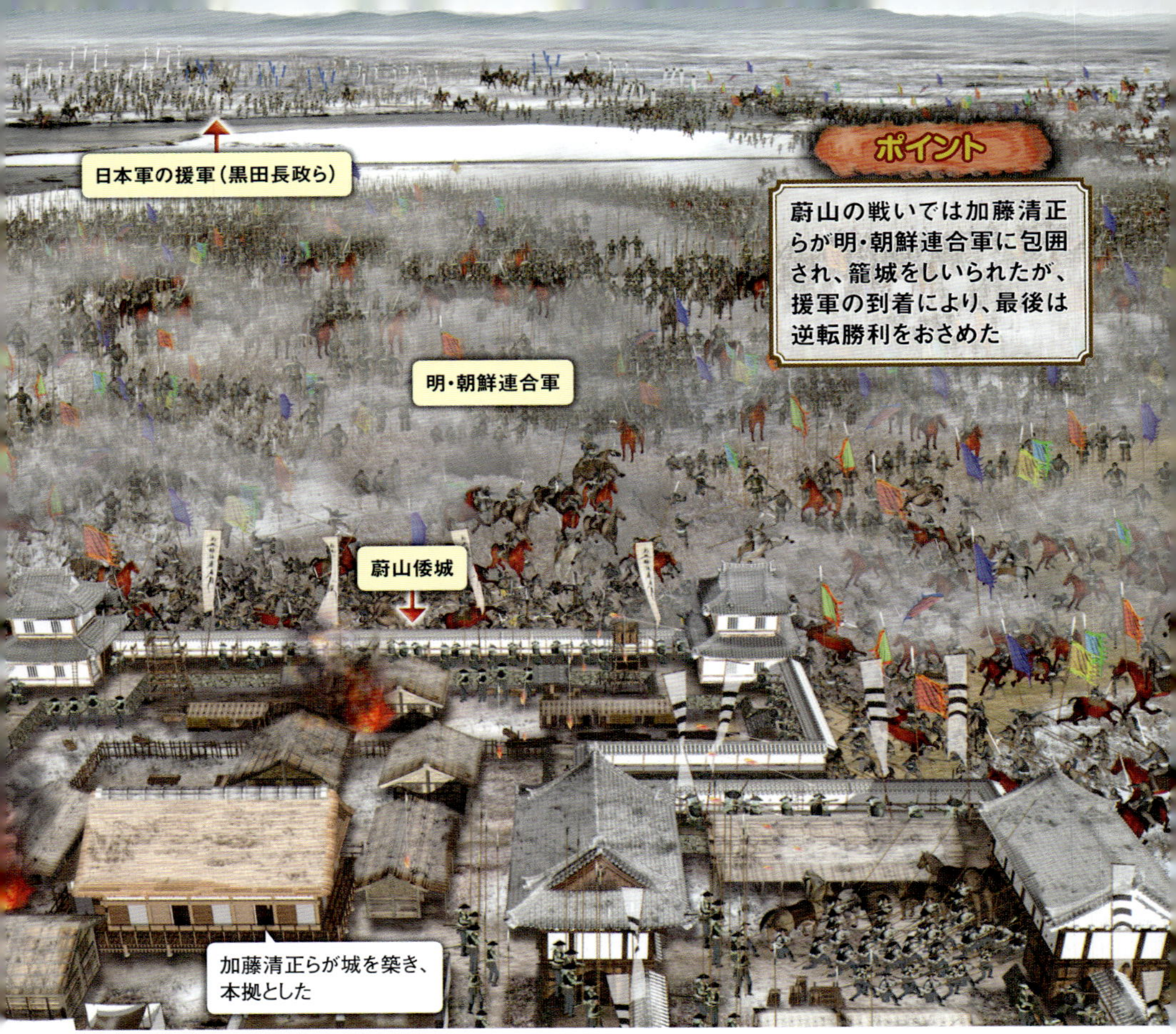
日本軍の援軍（黒田長政ら）
ポイント
蔚山の戦いでは加藤清正らが明・朝鮮連合軍に包囲され、籠城をしいられたが、援軍の到着により、最後は逆転勝利をおさめた
明・朝鮮連合軍
蔚山倭城
加藤清正らが城を築き、本拠とした

アジア支配をもくろむ秀吉

戦国時代、アジアの中心は明だった。天下人となった豊臣秀吉は、その明に代わって日本を世界の中心に据えようと、大陸遠征に打って出た。

最初は文禄元年（一五九二）。朝鮮に明への先導役を務めさせようと考え、対馬《つしま》の宗《そう》氏を通じて交渉したが、朝鮮側が拒否したため、小西行長《こにしゆきなが》や加藤清正、黒田長政《ながまさ》などが率いる一五万の大軍を朝鮮半島に派遣したのだ（文禄の役）。

四月、日本軍は破竹の勢いで朝鮮半島を席巻《せっけん》、半月後には都の漢城《ハンソン》を攻略した。しかし朝鮮側の抵抗も激しく、日本軍は次第に追い込まれていった。

加藤清正も大苦戦

その後、和睦交渉が不調に終わると、秀吉は慶長二年（一五九七）に一四万の

大陸侵攻の背景

秀吉の野望

秀吉は西洋に侵攻される前に大陸を占領し、日本を中心とした新秩序を構築しようと考えていた

↓

家臣の不満

有力家臣のあいだで秀吉に対する不満が高まったため、その不満を逸らすはけ口として必要だった

↓

朝鮮出兵を敢行

この戦いの意義

大陸遠征の成果はほとんど何もなく、朝鮮側に甚大な被害を及ぼしたほか、日本軍も大いに疲弊した

文禄・慶長の役の日本軍進路

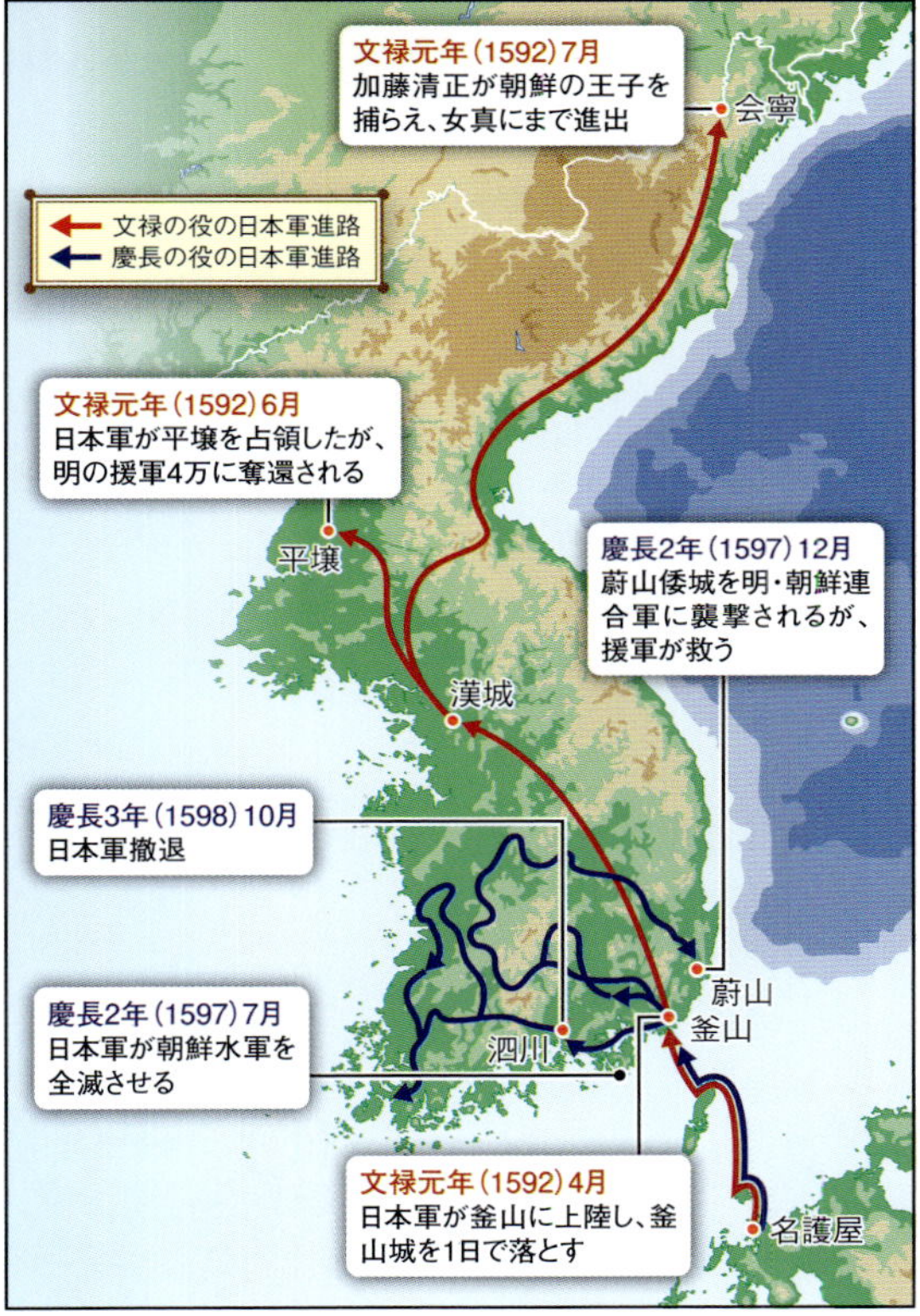

大軍を朝鮮に送り込む（慶長の役）。

序盤は日本軍が優勢だったが、九月に入り、朝鮮側が巻き返す。十二月には加藤清正と浅野幸長《あさのよしなが》が守る蔚山《ウルサン》倭城《わじょう》が包囲され、大苦戦をしいられている。

そして慶長三年（一五九八）八月、日本軍の交戦中に衝撃的な出来事が起こる。秀吉が伏見城で病死したのだ。その十日後には朝鮮からの撤退が決まり、七年に及ぶ大陸遠征が終了した。朝鮮の人々に多大な被害を与え、豊臣政権の衰退を招くという実りのない戦いだった。

戦国こぼれ話

日本軍が行なった残虐な鼻切り行為

戦国時代、武将たちは自身の功績を示すため、敵の首を斬って持ち帰った。しかし、文禄・慶長の役では違った。日本まで首を運ぶのは面倒であったため、首よりはるかに軽い鼻を切ったのである。切られた鼻は塩漬けにされ、桶や樽などに大量に詰められて日本に届けられたという。

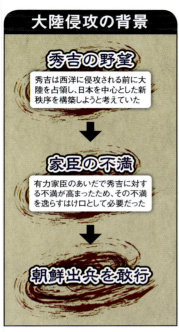

慶長5年（1600）
9月15日

関《せき》ヶ《が》原《はら》の戦い

一六万人が関ヶ原に集結！
天下分け目の大決戦

CloseUp

松尾山に陣取った小早川秀秋は東軍の総大将である家康と通じており、開戦後に西軍から東軍への寝返りを予定していた

ポイント

兵力、布陣を見れば西軍の勝利は堅いといわれたが、西軍は寄せ集め集団にすぎなかったため不利にはたらいた

合戦DATA

東軍 約7万4000
VS
西軍 約8万4000

美濃国
（岐阜県不破郡関ヶ原町）

CloseUp

家康は関ヶ原に臨む前から豊臣恩顧の諸将に東軍へ誘う手紙を出すなど、持ち前の外交手腕を駆使して内応工作を行なっていた

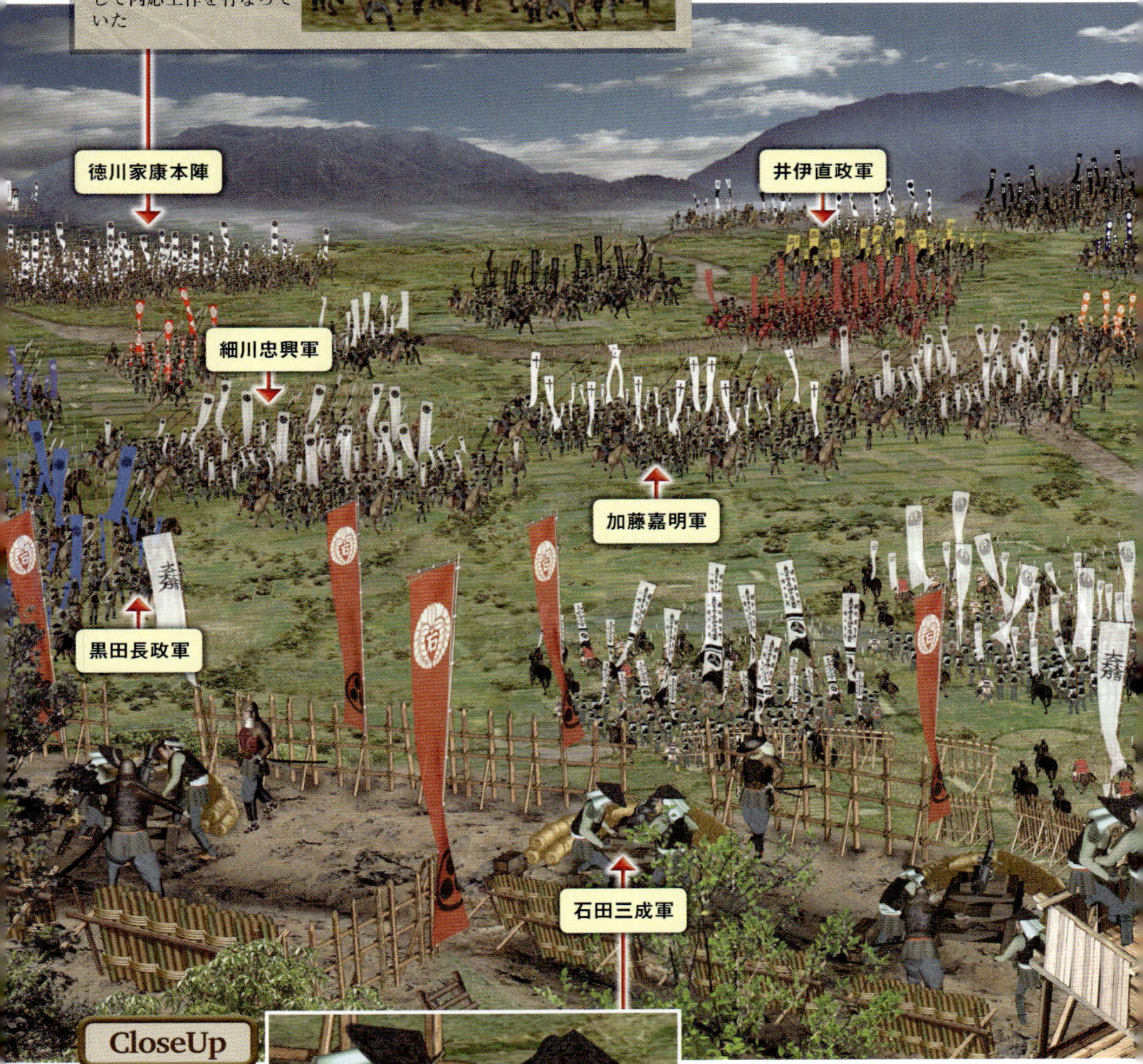

CloseUp

三成軍は自陣の前に竹柵や木柵を建てて、防御網を作成。その内側から鉄砲や大砲を使って攻撃を行なった

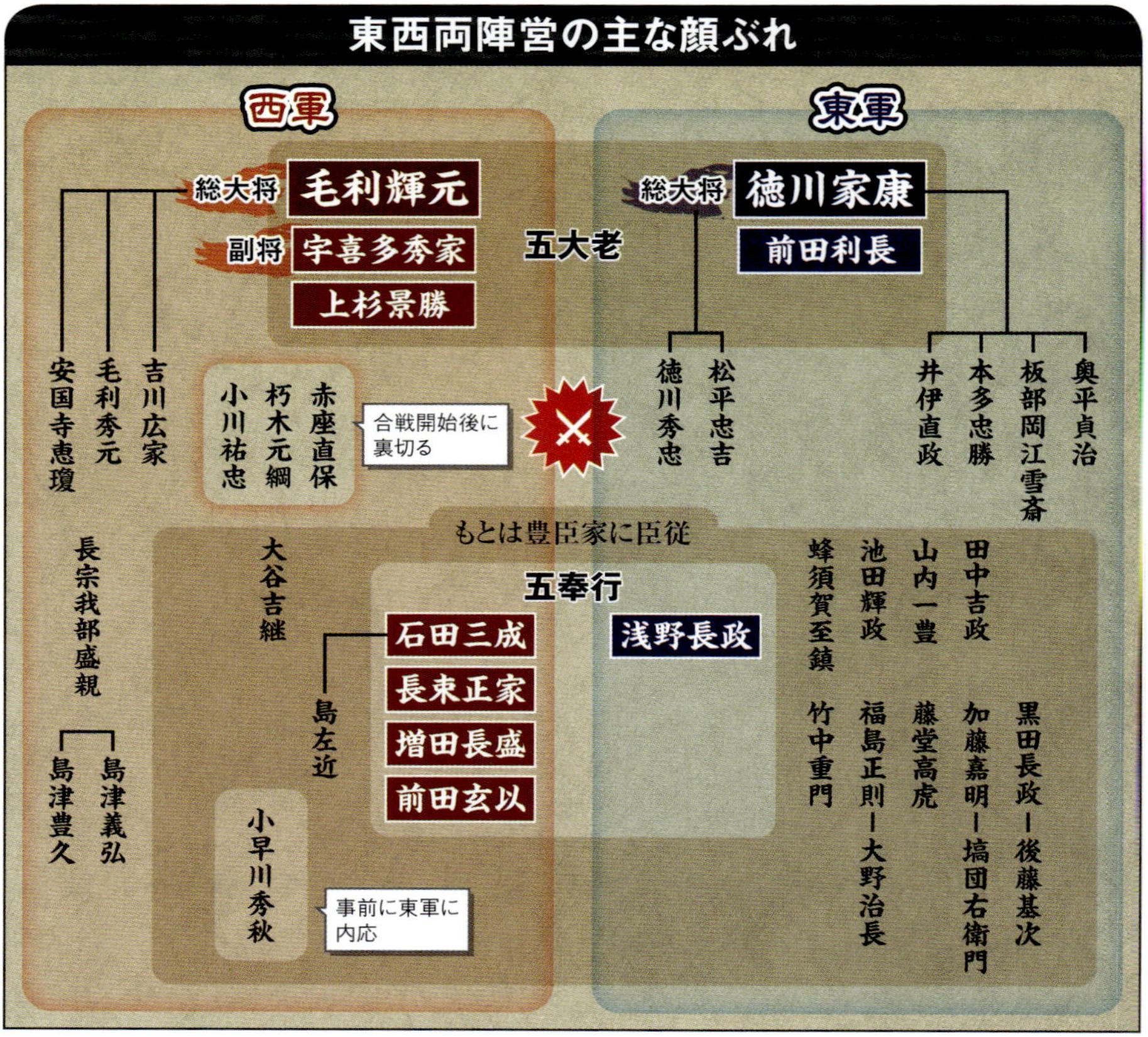

●東西に分かれた諸大名

豊臣秀吉の没後、秀吉に仕えていた者たちは、各々の判断で東軍と西軍に分かれて対立し、美濃の関ヶ原で最終決戦に挑むこととなる。〝天下分け目〟といわれる関ヶ原の戦いだ。

慶長五年（一六〇〇）六月、徳川家康は、上杉景勝を討つために大坂から会津へ向かった。一方、反徳川派の石田三成は家康不在の間隙を突き、毛利輝元や宇喜多秀家、小西行長らとともに西軍を結成、七月に徳川方の伏見城を攻撃（→122ページ）した。

家康は三成挙兵の報せを受けると、下野小山で山内一豊や福島正則、黒田長政などからなる東軍をまとめ上げ、すぐさま西上を開始する。こうして東西両軍は、九月十五日の早朝に関ヶ原で激突することになったのである。

関ヶ原までの経路

東軍の軍勢は七万四〇〇〇。対する西軍は八万四〇〇〇。東軍は家康の三男・秀忠の軍勢三万八〇〇〇が信州上田で真田昌幸に足止めされ（➡124ページ）、開戦に間に合わなかった。兵力の差以外にも、西軍の隙のない布陣から、戦局は西軍優位に展開すると予想された。

●足並みがそろわない西軍

戦いは東軍の井伊直政隊の発砲から始まり、すぐに両軍入り乱れての激戦となった。一進一退の戦局が続くなか、やがて西軍内でほころびが目立ち始める。じつは、西軍で実際に戦っていたのは半分にも満たなかったのだ。

そもそも西軍は一枚岩とはいえない状態だった。三成とともに決死の覚悟で戦っていたのは宇喜多秀家、大谷吉継くらい。それ以外の諸将は成り行き上、西軍に属した者ばかりで、戦場でも消極的

家康と通じていながら、なかなか攻め下りようとしなかった小早川秀秋だが、正午過ぎにようやく大谷吉継軍に奇襲をかけた
大谷吉継軍

な態度をとり続けていた。

毛利隊は吉川広家が家康と内通していたため、陣からまったく動かない。島津隊も大将の義弘が三成を嫌っており、積極的に打って出ようとしない。

そのような状況だったから、西軍は兵力も布陣も有利でありながら、戦局を優位に展開できずにいたのである。

勝敗を決した裏切り行為

勝敗を大きく左右したのは、松尾山に陣取っていた西軍の小早川秀秋だった。

秀秋は家康に寝返りをもちかけられており、吉川広家からも説得されていたが、去就を決めかねていた。正午過ぎ、しびれを切らした家康は松尾山に号砲一発、鉄砲をぶち込む。これにより、秀秋はついに意を決し、西軍目指して突撃したのである（もっとも、この「問い鉄砲」は後世の創作の可能性が高い）。

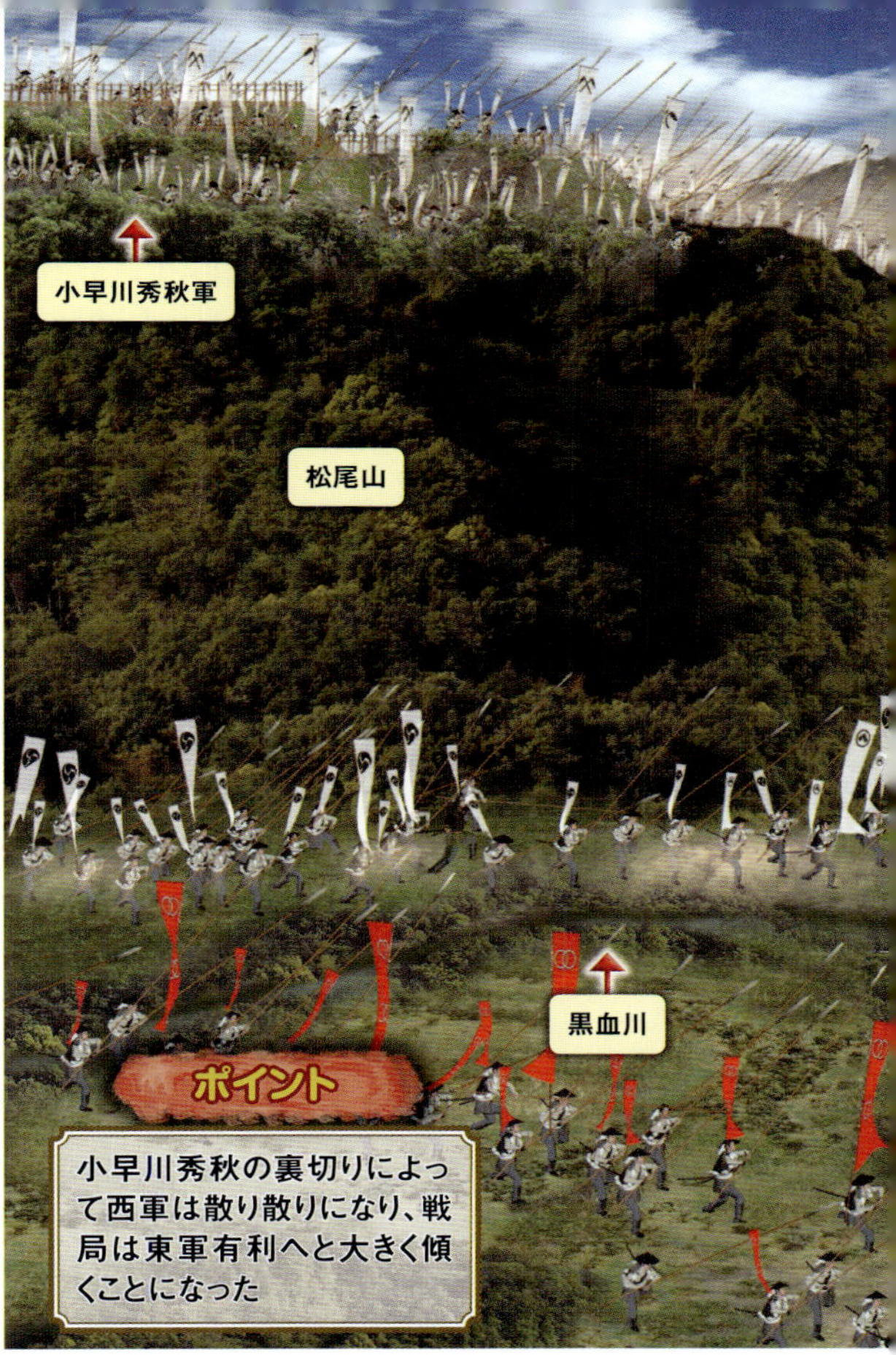
小早川秀秋軍
松尾山
黒血川
ポイント
小早川秀秋の裏切りによって西軍は散り散りになり、戦局は東軍有利へと大きく傾くことになった

秀秋の裏切りをきっかけに、大谷隊に属していた四隊も寝返り、大谷隊への攻撃を開始。戦局は東軍優位に展開し、西軍は総崩れとなった。

大谷吉継は奮闘むなしく自害し、宇喜多秀家や三成も敗走に追い込まれた。最後に戦場に取り残された島津義弘は決死の覚悟で活路を開き、殺到する東軍から命からがら逃走した。

天下分け目の戦いは午後四時頃までに東軍の勝利で収束した。ここに徳川時代の幕が開いたのである。

合戦の経過

慶長5年(1600)9月15日	
午前1時	石田三成、関ヶ原に到着
午前5時	西軍が着陣する
	東軍先発隊が関ヶ原到着
午前6時	東軍が着陣する
午前8時	東軍の井伊直政が先陣を切り、戦闘が始まる
午前9時	石田三成軍と黒田長政軍、細川忠興軍などが衝突
午前10時	福島正則軍と宇喜多秀家軍が衝突し、激戦となる
	徳川家康が本陣を移し、最前線近くに陣取る
午前11時	西軍総攻撃
午後0時	家康が小早川秀秋に向けて威嚇射撃を行なう
	小早川秀秋が山を下り、大谷吉継軍を襲撃
午後1時	西軍は総崩れになる
午後2時	石田三成が敗走する
午後3時	島津義弘が敗走する
午後4時	戦闘終結

この戦いの意義

東軍の勝利で徳川氏の覇権が確定し、江戸幕府の成立へとつながった

戦国こぼれ話

西軍の総大将は三成ではない!?

関ヶ原の戦いにおける西軍の大将といえば、石田三成だと思っている人が多いが、じつは総大将は三成ではなかった。五大老の毛利輝元が総大将の地位にあったのである。輝元自身は大坂城にいて関ヶ原に出陣しなかったが、敗戦後はお家存続のために頭を丸めて隠居し、嫡男の秀就に家督を譲らなければならなかった。

慶長19年（1614）
～
慶長20年（1615）

大坂の陣

大坂城で繰り広げられた徳川による豊臣殲滅戦

大坂城は広大な堀に守られた難攻不落の城だった
徳川軍は天守めがけて大砲を何発も撃ち込む

合戦DATA

豊臣方 冬：約10万、夏：約5万
VS
徳川方 冬：約20万、夏：約15万

摂津国
（大阪府大阪市）

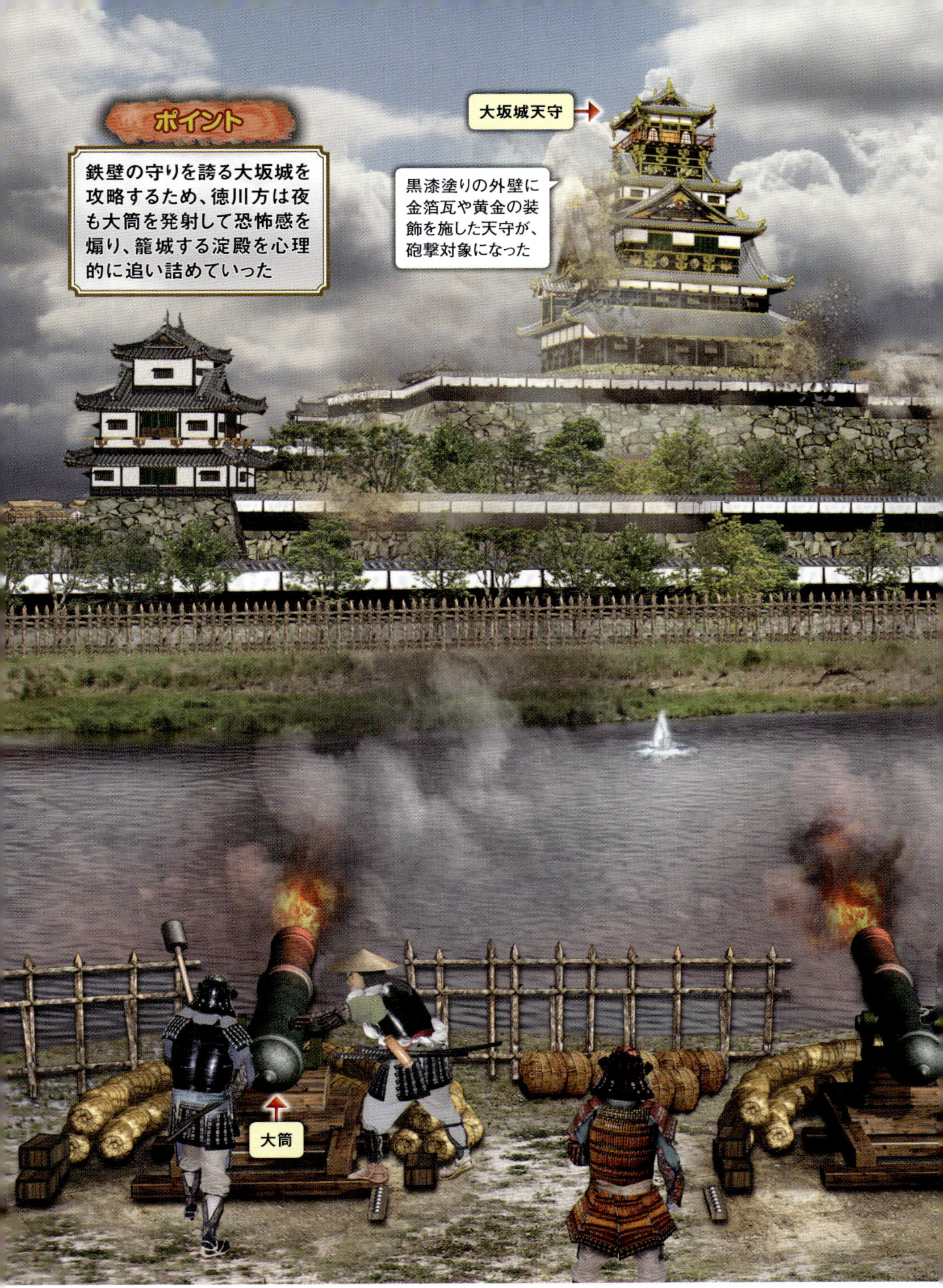
ポイント
鉄壁の守りを誇る大坂城を攻略するため、徳川方は夜も大筒を発射して恐怖感を煽り、籠城する淀殿を心理的に追い詰めていった
大坂城天守
黒漆塗りの外壁に金箔瓦や黄金の装飾を施した天守が、砲撃対象になった
大筒

大坂冬の陣の配置

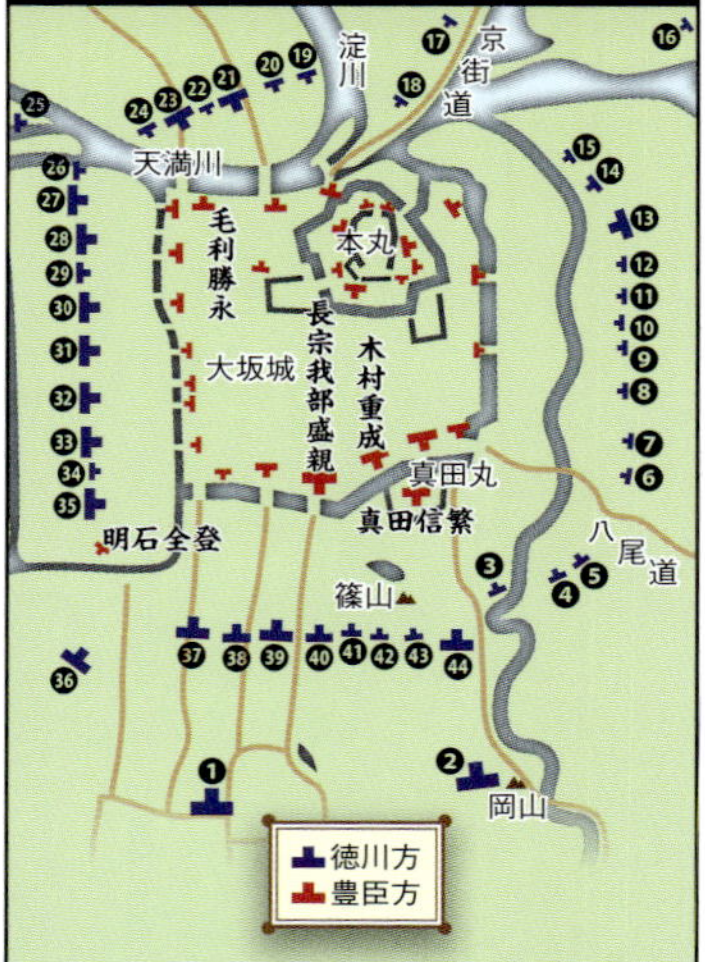

❶徳川家康
❷徳川秀忠
❸南部利直
❹小出吉英
❺水谷勝隆
❻酒井家次
❼仙石忠政ら
❽本多康俊ら
❾秋田実季
❿牧野忠成
⓫戸田氏信
⓬堀尾忠晴
⓭上杉景勝
⓮佐竹義宣
⓯真田信吉ら
⓰本多忠朝
⓱片桐且元ら
⓲竹中重門ら
⓳松平康重ら
⓴加藤明成ら
㉑池田利隆
㉒有馬豊氏
㉓立花宗茂ら
㉔本多忠政
㉕一柳直盛ら
㉖森忠政
㉗池田忠継ら
㉘鍋島勝茂
㉙稲葉典通
㉚池田忠雄
㉛蜂須賀至鎮
㉜松平忠明
㉝山内忠義
㉞戸川達安
㉟浅野長晟
㊱毛利秀直ら
㊲伊達政宗ら
㊳藤堂高虎
㊴松平忠直
㊵井伊直孝
㊶脇坂安元ら
㊷古田重治
㊸榊原康勝ら
㊹前田利常

●豊臣家の滅亡を企てる家康

関ヶ原の合戦で天下をとった徳川家康は、西軍に与した諸大名を取り潰し、覇権を確立する。そして慶長八年（一六〇三）に征夷大将軍となり、江戸に幕府を開いた。それから二年後には将軍職を三男の秀忠に譲り、政権の徳川世襲を世間に広く知らしめた。

その後、家康は豊臣家の取り潰しに注力し始める。秀吉の嫡子・秀頼はすでに一大名に成り下がっていたが、家康は後顧の憂いを絶つため、大坂で豊臣家との戦端を開いたのである。

慶長十九年（一六一四）十月、家康は全国の諸大名に豊臣追討を宣言し、大坂城攻めに二〇万を動員。一方、豊臣方は真田昌幸をはじめとする有力武将をすでに失っていたものの、長宗我部盛親《もりちか》や真田信繁（幸村）といった浪人らに呼びか

大坂夏の陣の配置

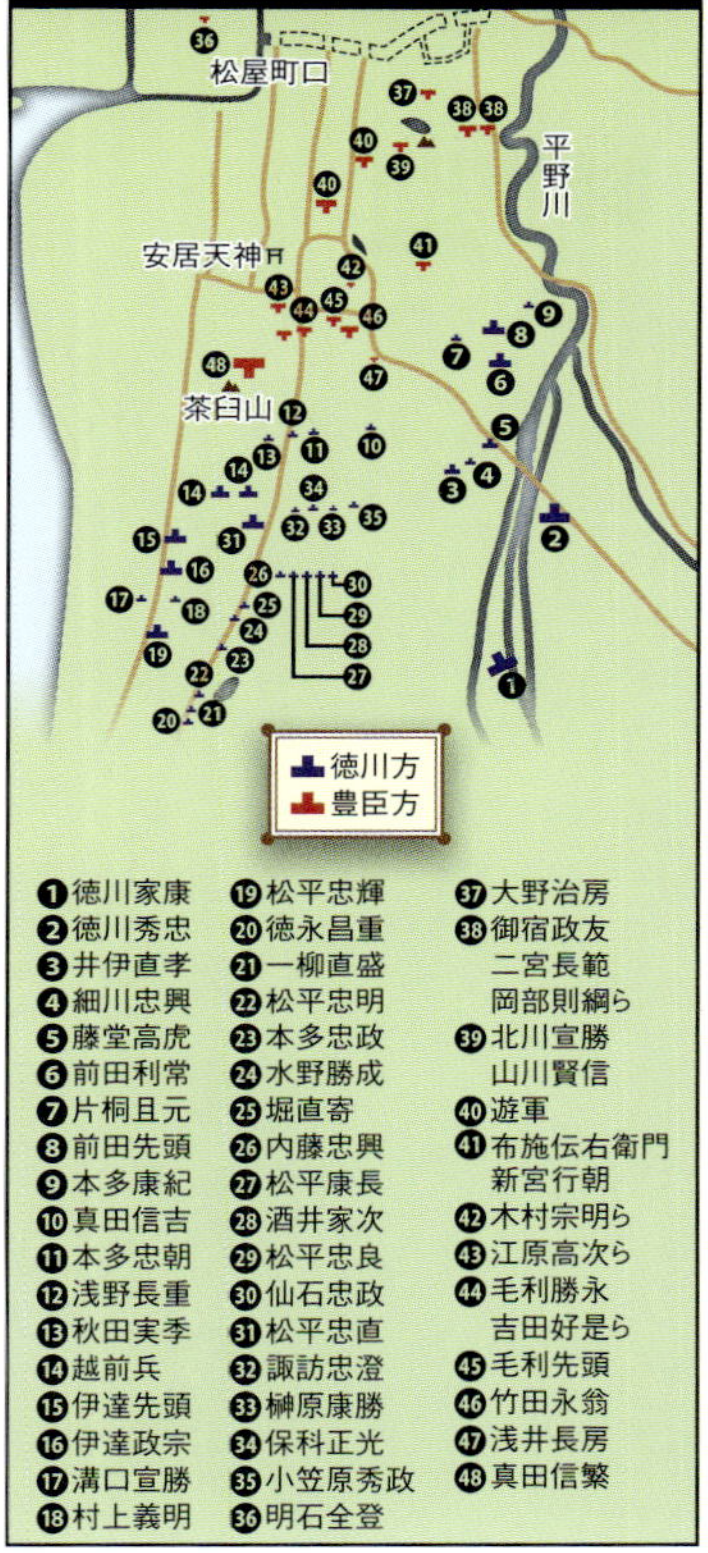

け、一〇万といわれる軍勢を集めた。

●「真田丸」での奮戦

十一月、大坂冬の陣が始まる。豊臣方は城外での前哨戦を経て、大坂城に籠城して戦う戦法に出た。ここで獅子奮迅の活躍を見せたのが真田信繁だ。

信繁は大坂城最大の弱点とされる南側に「真田丸《さなだまる》」と呼ばれる出丸を築き、大勢の敵を引きつけた。そして敵が塀にとりつくと、狭間から銃撃を行ない、徳川軍に死傷者八〇〇〇あまりという大損害を与えたのである。大坂冬の陣における全戦死者のおよそ八割は、この真田丸攻防戦で発生したというから、いかに激しい戦いだったかがうかがえる。

これを受け、家康は心理作戦に切り替え、大坂城に鉄砲や大砲を打ち込み始めた。城内にいた秀頼の母・淀殿は、建物への被害もさることながら、轟音の連続

ポイント

真田信繁の軍勢は天王寺口の戦いで、家康の本陣めがけて三度も突撃を試み、家康を追い詰めた

この戦いの意義

豊臣氏が滅亡したことにより、徳川氏の天下統一事業が完成した。これ以降、大規模な戦乱はほとんどなくなり、徳川幕府は約250年間続く天下泰平の時代を築き上げることになる

戦場はいま

大阪城

豊臣秀吉が建てた大坂城は、大坂夏の陣で灰燼に帰した。だがその後、徳川幕府が新しい大坂城を築城。それが現在の大阪城のモデルとなっている。

現在の大阪城

に恐れをなし、十二月には大坂城の二の丸、三の丸、惣構を取り壊すことを条件として講和を結んだ。その結果、冬の陣の二ヶ月後には大坂城は裸城になってしまったのである。

●大坂城が落城し、豊臣家は滅亡

その後、豊臣方が再び軍備を整えると、家康は慶長二十年（一六一五）五月に一五万の軍勢でまたもや大坂城を攻めた。大坂夏の陣である。

豊臣方は城の防御がないため、野戦をしいられた。それでも天王寺口《てんのうじぐち》の戦いで信繁が家康の本陣を切り崩すなど一矢を報いた。しかし衆寡敵せず、豊臣方の有力武将はほとんど戦死。秀頼は敗色濃厚と悟ると母の淀殿とともに自害、豊臣家はここに滅亡した。

約一五〇年間にわたる戦国時代はこうして終わりを告げたのである。

特集二

戦国武将の実態

武将の名前

戦国武将は複数の名前をもっていた
信長は〝キラキラネーム〟好き!?

戦国武将の名前は、現代人に比べてかなり複雑だった。本名だけでなく幼名、通称、法号、官職名など、一人でいくつもの名前をもっていたからである。

まず、生まれてすぐにつけられる名前を「幼名」という。これは現在の愛称のようなものと考えればいいだろう。ユニークなのが織田家。信長は「吉法師《きっぽうし》」といったが、信長自身は長男・信忠に「奇妙丸《きみょうまる》」、九男・信貞に「人」と、ずいぶん変わった名前をつけている。現代風にいえば〝キラキラネーム〟だ。

元服して成人になると「通称」と「本名」が与えられた。信長の場合、「織田三郎《さぶろう》信長」で、三郎が通称、信長が本名となる。

通称はその人物の立場を表すことが多いが、信長のように次男なのに三郎と名づけられたというようなケースも少なくない。本名は先祖伝来の一字をつけることが多く、信長は父・信秀《のぶひで》の信をもらっている。

では、周囲の人々は当人を通称と本名のどちらで呼んでいたのか。本名を呼ぶことは失礼と考えられていたため、通称で呼んだ。ただし、その人物が幕府や朝廷から官職を与えられている場合は、通称で呼んでは失礼とされ、「加賀大納言《かがだいなごん》」とか「伊勢守《いせのかみ》」などと官職名で呼ばなければならなかった。

また、出家した場合は「法号」(法名)という名前が与えられ、通称の代わりに用いられた。有名どころでは上杉謙信の謙信、武田信玄の信玄は本名ではなく法号である。

甲冑デザイン

派手な甲冑をつけて戦場に赴く理由とは？

自分の軍功をアピールするためだった

戦国武将は自分の身を守るため、甲冑《かっちゅう》を身につけて戦場へ出た。甲冑には華美な装飾が施されていることが多く、特に兜《かぶと》については戦闘の邪魔になるのでは、と思われるような奇抜なデザインのものが少なくなかった。

たとえば、伊達政宗の兜には三日月の前立てがついており、一目見ればすぐに政宗だと判断できた。ほかにも長さが二尺五寸（約七五センチ）もある加藤清正の長烏帽子《ながえぼし》形兜、前田利家の鯰尾《なまずのお》兜、二本の角が生えた黒田長政の黒漆塗《くろうるしぬり》桃形大水牛脇立兜、そして前立てに「愛」の字がついた直江兼続の兜など、ユニークな兜がたくさんあった。

こうした兜は「変わり兜」と呼ばれる。派手な装飾部分は革や和紙で作られていて、なかは空洞になっているため、実際の防御力はゼロに近い。それにもかかわらず、なぜ武将たちは命がけの戦いに非実用的な兜をつけて行ったのか。その理由はただ一つ、目立ちたかったからである。

合戦で活躍すれば褒賞が与えられたが、いくら活躍しても誰の目にもとまらなければ何ももらえず意味がない。その点、奇抜な兜をつけて目覚ましいはたらきをすれば「あれはいったい誰だ⁉」と注目され、すぐに名前を覚えてもらえた。そうした効果を狙って、みな兜に趣向を凝らしたのである。

兜は命を守る防具であると同時に、自分の存在感を高める道具でもあった。戦場は目立ってなんぼの世界だったのである。

家紋

戦旗に施された文様の由来を知る

武勲とともに輝く一族の名誉

戦国大名はみな家紋をもっていた。家紋とは、その家のシンボルのようなもので、家ごとにデザインが異なる。戦場で掲げていれば敵味方をすぐに判別できるし、一族の功績を際立たせることもできた。

平安時代、公家が自分の牛車《ぎっしゃ》や衣服につけた文様が始まりとされ、戦国時代に入ると武家のあいだでも広がった。

では、名の知れた戦国大名たちはどのような家紋を用いていたのだろうか。

織田信長の家紋は、キュウリの切り口を図像化した「木瓜《もっこう》」である。木瓜には神の加護があるとされており、主君であった尾張国守護・斯波《しば》氏から与えられた。

豊臣秀吉は後陽成《ごようぜい》天皇から賜った皇室紋の

「桐《きり》」を家紋とした。当時、朝廷の副紋である桐の紋を賜ることは最も名誉なこととされていたから、秀吉は鼻が高かったに違いない。さらに天下統一後は独自に考案した「太閤桐」を使用し、家臣たちにも桐紋を普及させた。

江戸時代になり世の中が落ち着いてくると、家紋は戦場での標識や印としての役割が薄れ、家格を示す儀礼的なものになった。幕府の政治には家柄の格差が反映されたが、その格付けが家紋によってなされていた。

徳川家康は京都上賀茂《かみがも》神社の二葉葵《あおい》に一葉を足した「三つ葉葵」を家紋に用いており、これが家紋の最高峰だった。その後、徳川家以外の葵紋の使用は禁じられ、家紋は権威を示す象徴として用いられるようになった。

戦国武将が用いた家紋

太閤桐

豊臣秀吉

朝廷の桐紋と菊紋を拝領

三つ葉葵

徳川家康

京都・上賀茂神社の神紋

一文字に三つ星

毛利元就

一番槍、一番首の意味

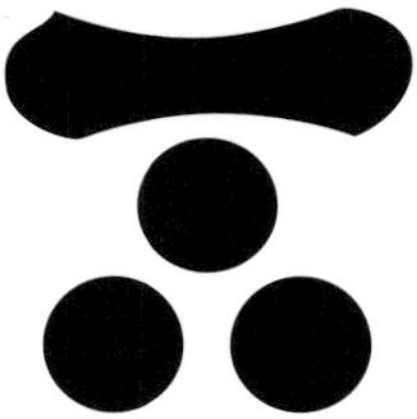

六連銭

真田信繁

三途の川の渡し賃に由来

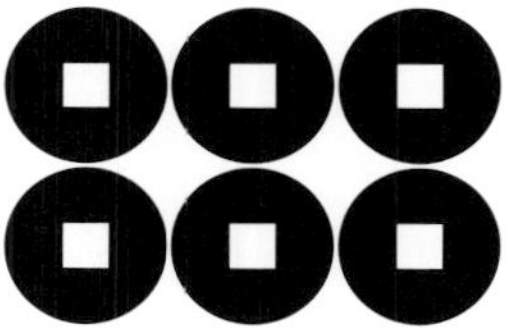

割菱《わりびし》

武田信玄

甲斐源氏が賜った旗と鎧に由来

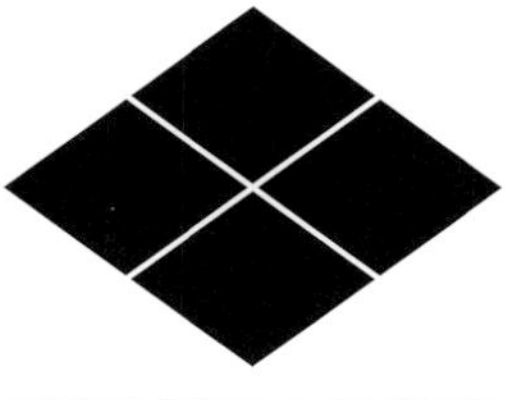

織田木瓜

織田信長

神社の御簾の縁取り文様

丸に二《に》引《ひき》両《りょう》紋《もん》

今川義元

足利将軍家の紋。その流れを汲むことを示す

竹に二《に》羽《わ》飛雀《とびすずめ》

上杉謙信

勧修寺流藤原氏の家紋

食事

戦国武将や大名はどんなものを食べていた？

質素ながらこだわりのみえる食生活

戦国武将ともなれば、さぞかし豪華な食事をとっていたのだろうと思いきや、実際はそうでもなかった。主食は玄米で、野菜の煮物や魚の干物、漬物、糠《ぬか》の味噌汁などとともに食べていた。食事の回数についても、戦国時代前半は一日二回（朝八時頃と午後二時頃）、後半になりようやく三回に増えたとされる。

では、戦国大名クラスはどうだろうか。

織田信長は好き嫌いが激しく、気に入らないものにはいっさい手をつけなかったといわれる。大好物は塩辛いもの。多くの塩分を欲したのは、常に動きまわる性格だったからだろうか。また、金平糖《こんぺいとう》やバター、ビスケットなど、南蛮渡来《なんばんとらい》の珍しいものを積極的に食べる一面ももっていた。

豊臣秀吉は大名に出世してからは贅沢なものを好んだ。タコやイカ、アワビ、鯛《たい》などの海産物が特に好きだったとされる。それ以前は麦飯や里芋《さといも》とネギの味噌汁、ゴボウとダイコンの煮物など質素な食事をとっていた。

徳川家康は、若い頃から健康に気を遣い、暴飲暴食や美食を慎み、粗食を心がけていた。ふだんは麦飯と焼き味噌を中心に食べ、美食は月に二〜三回でよいと考えていたようだ。

また旬のものだけを食べ、どんなに珍しいものであっても季節外れのものは口にしないというこだわりをもっていた。偏食もなかったといわれる。家康は七十五歳まで生きたが、長生きの秘訣はこうした食生活にあったのかもしれない。

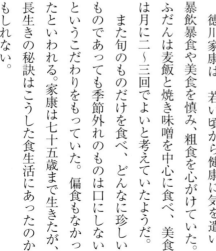

病気

病は敵将よりはるかに怖かった！

脳卒中や脳出血、そして伝染病・感染症

どんなに屈強な戦国武将であっても、病気を恐れない者はいなかった。

病気というものは、常日頃気をつけていても、罹《かか》るときには罹ってしまう。また、戦国時代の医療技術は、現代とは比べようもないくらい低かったから、大病を患えば死を覚悟しなければならなかった。戦国武将にとって、病気は大きな悩みの一つだったのである。

現代日本人の死因ナンバーワンは癌《がん》（悪性新生物）だが、戦国時代にも癌（当時の名称は積聚《しゃくじゅ》）は多くの武将の命を奪った。徳川家康、武田信玄、毛利元就、丹羽長秀などが癌で倒れたといわれており、丹羽長秀に至っては自分で腹を割いて病巣を取り出したという壮絶な逸話まで伝わっている。

塩分過多の食べ物や飲酒などが原因で高血圧となり、脳卒中や脳出血を患う者も続出した。たとえば、上杉謙信の死因は脳卒中だったのではないかといわれる。池田輝政もこの病による発作で半身不随になったとの記録が残されている。

伝染病や感染症も脅威だった。特に天然痘《てんねんとう》は、治癒した後にあばたが残るため、非常に嫌がられた。「独眼竜《どくがんりゅう》」で知られる伊達政宗も、幼少の頃に罹った天然痘で右目を失明したとされている。

また、家康の息子・結城秀康は梅毒で鼻が落ち、若くして亡くなっている。秀吉の家臣であった加藤清正、黒田官兵衛なども梅毒に罹っていたとみられている。

恋愛事情①

戦国の世の結婚は政略結婚があたり前
自由恋愛でなくても満足度は十分？

現在は恋愛結婚が主流だが、戦国時代を含む前近代においては、自由恋愛による結婚はそうそうなかった。

もちろん例外はあり、山内一豊《やまうちかずとよ》と千代《ちよ》夫妻、豊臣秀吉とお禰《ね》夫妻などは恋愛結婚といえる。また龍造寺氏の家臣・鍋島直茂《なべしまなおしげ》のように、恋人と毎日のように密会していたところ、家人から曲者《くせもの》と間違われ、怪我をさせられたという武将もいる。

しかし、どれだけ恋に身を焦がそうとも、結婚にまでこぎつけるカップルはめったになかった。当時は家と家との結びつきを重視する政略結婚が大半だったからである。

政略結婚と聞くと、現代人は自分の気持ちよりも親類縁者の意見が優先される悲劇的な婚姻形態と思い込んでいる人が多いかもしれない。しかし、前近代においては親が決めた相手と結婚するのがあたり前だったため、当人たちに犠牲者意識はほとんどなかったものと考えられている。

政略結婚の効果は非常に大きい。たとえば、交戦中の相手の家に娘なり姉妹なりが嫁いでいけば、争いはたちまちおさまり、和平が成立してしまう。嫁いだ女性は妻というより〝親善大使〟だったのである。

自由恋愛になれた現代人にとって、この感覚はなかなか理解できないかもしれないが、戦国時代は自分の恋愛よりも家の問題を考えなければならなかった。それを、当人たちも受け入れていたのである。

恋愛事情②

信長も信玄も……意外と多い男色家たち

男色の相手は小姓がぴったり

性の多様化が進み、いまでは同性愛者の存在も珍しくなくなってきた。しかし、戦国時代は現代以上に同性愛の華やかなりし時代だった。戦国の世においては男色（衆道《しゅうどう》）、すなわち大人の男性と美少年との同性愛が、あたり前のように行なわれていたのである。

その理由については、大きく二つ考えられている。まず一つ目は、戦いの日々が続いたからである。戦場へは基本的に男だけで出陣し、女性を同伴することはめったになかった。男ばかりの環境にいると、男同士の絆《きずな》が自然と生まれ、契《ちぎ》りを結ぶ者たちが現れた。

また、武士は伝統的に武を重んじるからか、女色よりも男色を賞賛する傾向があった。それが男女間の愛情を超える武士道的な盟約を成立しやすくしていたのだ。

戦国武将が男色の対象としたのは、「小姓《こしょう》」と呼ばれる若い雑用係が多かった。織田信長の小姓・森蘭《らん》丸《まる》のように、女性的なイメージの美少年が男色の相手としてぴったりだった。

ただし、男色を好む者であっても女性NGとは限らなかった。武田信玄は十代の小姓に恋文を出しているが、五人の妻妾をもち、七男六女をもうけている。

猛々しい性格の信長も男色の趣味があったとか

教養

腕っ節だけでなく教養も必要とされた
和歌と茶の湯は最低限のたしなみ

腕っ節自慢の戦国武将にも、ある程度の教養が必要とされた。なかでも特に重視されていたのが、和歌と茶の湯だ。

日本初の勅撰《ちょくせん》和歌集である『古今和歌集』の序文には、「猛《たけ》き武人の心を慰《なぐさ》むるは、歌なり」と書かれている。この言葉のとおり、和歌は心の癒しとなったため、多くの武士がたしなんだのである。

また、和歌は公家と付き合う上で欠かすことができなかった。いわば、コミュニケーション・ツールである。

さらに和歌の知識がなければ、武士としての最期を飾る「辞世《じせい》の句」を詠むこともできなかったから、武士はみな和歌を最低限の教養として身につけたのだ。

茶の湯もまた、戦国武将の必須教養の一つと考えられていた。

茶の湯、すなわち茶会は、戦場とは一八〇度異なる静寂の世界。そこに身を置けば、戦いで消耗した心身を癒し、安定させることができた。その一方で、武将たちの社交の場、情報交換の場という側面もあったから、家臣だけを集めて結束を強めたり、外部から新しい情報を得るために利用することもできた。戦国時代に茶の湯がブームになった背景には、そうした多くのメリットがあったのだ。

ちなみに、織田信長は政治的な場面で茶の湯を積極的に利用した。信長から茶会の開催を許された秀吉が、涙を流して喜んだというエピソードはあまりに有名である。

影武者

身を挺して主君を守る影の者の実態は？

主君と似ていなくてもよかった!?

合戦の際、総大将が戦死してしまうと大変なことになる。総大将を失った軍団は総崩れになることが多く、その大名家が廃絶することすらあった。そこで重視されたのが影武者の存在だ。

影武者は、どちらが本物かわからないようにして敵から主君を守る。戦国時代の史料から影武者を確認することはできないが、「影（蔭）法師」という言葉が残されているため、「影（蔭）法師武者」が短縮されて影武者と呼ばれるようになったと考えられている。いわば主君の身代わりだから、当然、主君とそっくりなはずと思いきや、必ずしもそうとは限らなかったようだ。

確かに、自分によく似た影武者を立てる用心深い武将もいた。しかし、戦場における影武者の最大の役割は、自軍が敗走するときに敵の気を引き、総大将を守ることにあった。

逃げるときに影武者が「我こそは○○なり！」などと大声で叫べば、大勢の敵が集結するため、総大将はその隙に逃げ延びることができる。そうした役割をこなすのに、容貌が主君と似ているかどうかはあまり関係ない。だから、影武者になるには主君とそっくりである必要はなかったのである。

ただ、主君そっくりの影武者もいた。武田信玄の影武者を務めていた実弟の信廉は、家臣が近くでよく見ても見分けがつかないというほど似ていたという。容貌については、重臣の判断で決められたのかもしれない。

暗殺

戦国武将に常に緊張をしいていた暗殺の脅威

敵方はもちろん味方からも狙われる！

戦国乱世に生きた大名や武将は、常に暗殺の危機にさらされていた。

敵の大将を倒すためには合戦で勝利しなければならないが、合戦にかかる費用や労力は莫大なものになる。その点、暗殺は最小限のコストで実行可能だから、幾多の暗殺が遂行された。たとえ卑怯《ひきょう》といわれようとも、実利を優先する者が多かったのである。

山陰の武将・吉川興経《きっかわおきつね》は、毛利元就の家臣の襲撃にあい、子とともに暗殺された。備中の三村家親《みむらいえちか》は宇喜多直家《なおいえ》に狙われ、歓談中に銃殺されている。豊後の大友義鑑《よしあき》は、嫡子の義鎮を差し置いて、愛妾《あいしょう》の子を後継者に立てようとしたため、義鎮擁立派の家臣の恨みを買い、斬殺されてしまった。

江戸城を築城した太田道灌《おおたどうかん》に至っては、主君に暗殺されている。優秀だったがゆえに主君の上杉定正《さだまさ》から疎《うと》んじられ、風呂あがりの無防備なときに殺されてしまったのだ。

噂レベルでも暗殺説がささやかれている大名が多くいる。たとえば、武田信玄や上杉謙信は、織田信長などによって秘密裏に殺されたのではないかといわれている。

また、徳川家康と豊臣秀頼の二条城での会見後に急死した加藤清正や池田輝政などの豊臣恩顧の大名たちも、家康による毒殺の可能性が根強くささやかれている。

大名や武将は、こうした暗殺の危機にさらされながら、日々を過ごしていたのである。

人質

裏切り防止のためにとられた人質の日常生活

人質生活は意外と快適なものだった？

戦国大名のなかには、若かりし日々を人質として送った者が少なからずいる。戦国時代は裏切りがあたり前の時代だったから、それを抑止するために担保として人質をとる慣習があったのである。

人質生活を送った代表的な戦国大名としては、徳川家康（当時は松平姓）があげられる。家康の生まれた三河は東に今川氏、西に織田氏、と有力大名に挟まれており、弱小勢力だった三河の松平氏は、まだ六歳の家康を織田氏に人質としてとられた。

その後、人質交換によって家康は今川氏の人質となり、今川義元のもとで十九歳まで過ごしている。家康は松平氏の当主であるにもかかわらず、長年、人質にとられたままだったのである。

しかし、人質としての扱いはそれほど酷《ひど》くはなかった。家康は武士としての教育を受けさせてもらい、十三歳の元服の際には、義元から「元」の字をもらって「元信《もとのぶ》」と改名している。さらに、義元の親戚にあたる築山殿《つきやまどの》を妻として与えられている。こうしてみると、冷遇どころか厚遇されていたといえる。

家康に限らず、人質ながら丁重に扱われ、一定の期間がすぎると無事に国元へ還《かえ》されたという例は思いのほか多い。

しかし、人質はあくまで人質。両家の関係が危うくなれば、見せしめとして殺されるのが常だった。人質になった大名は、そうした恐怖にさいなまれながら暮らしていたのだ。

死生観

壮絶な死に様が評価された理由とは?

『葉隠』の一文に秘められた深い意味

武士道とは死ぬこととみつけたり――『葉《は》隠《がくれ》』にこうあるように、武士は死の美学を何よりも大事にし、壮絶な最期を遂げることを理想と考えていた。

たとえば、賤ヶ岳の戦いで羽柴秀吉に敗れた柴田勝家は、北庄城で妻のお市をはじめ一族の者を刺殺した後、みずからも切腹して果てた。妻子を巻き込む死に方は、現代では批判されるに違いない。しかし戦国の世では、勝家の最期は立派な死に様とみなされ、敵の秀吉にさえ賞賛されたのである。

壮絶な死に方をした武将の子孫が、のちに重用されることもあった。

天正十年(一五八二)に起こった越中魚津《えっちゅううおづ》城《じょう》の戦いでのことである。織田信長は柴田勝家に上杉景勝方の最前線の城である魚津城を攻めさせた。

魚津城は勝家に包囲され、籠城戦を挑むことにした。しかし、景勝の援軍が期待できない状態に陥り、敗色濃厚になってしまう。城を守っていた中条景泰《なかじょうかげやす》や竹俣慶綱《たけまたよしつな》ら一二人の城将は覚悟を決め、「どうせ死ぬなら名を残したい」と相談した。そして、各人が耳に穴を開け、そこに自分の名前を書いた木の名札を鉄線で結《ゆ》わえた後、腹を十文字に切って自害したといわれている。

この壮絶な死に方をした一二人の城将の子孫たちは、その後、上杉家で重用されることになった。武将の最期は、子孫にも多大な影響を与えたのである。

【参考文献】

『戦国合戦事典』小和田哲男編著（三省堂）／『戦国の合戦』『戦国の群像』『戦国の城』小和田哲男、『戦国時代用語辞典』外川淳編著、『決定版　図説・戦国合戦集』歴史群像編集部編、『新・歴史群像シリーズ11　信長と織田軍団』、『歴史群像シリーズ　ビジュアル・ファイル　戦国合戦イラスト&マップ集』（学習研究社）／『織田信長合戦全録』谷口克広（中央公論新社）／『日本の合戦を地図から読む方法』中村達彦（河出書房新社）／『長篠・設楽原合戦の真実』名和弓雄（雄山閣）／『戦国武将・合戦事典』峰岸純夫・片桐昭彦編（吉川弘文館）／『戦国大名（別冊太陽　日本のこころ）』黒田基樹、『大図解　戦国史（別冊太陽　歴史ムック）』小和田哲男・小和田泰経、『戦国武将と連歌師』綿抜豊昭（平凡社）／『図解　戦国武将別　日本の合戦40』若桜木虔・山中將司（東洋経済新報社）／『合戦の日本史』安田元久監修、『戦国武将ものしり事典』奈良本辰也監修、主婦と生活社編（主婦と生活社）／『図解　戦国時代が面白いほどわかる本』金谷俊一郎（中経出版）／『上杉謙信』花ヶ前盛明、『総図解　よくわかる戦国時代』小和田哲男編、『別冊歴史読本4　日本の戦争と合戦』、『別冊歴史読本17　戦国水軍と村上一族』、『別冊歴史読本39　戦国武将列伝』『別冊歴史読本63　図解戦国合戦50』、『考証　戦国武家事典』稲垣史生、『火縄銃・大筒・騎馬・鉄甲船の威力』桐野作人（新人物往来社）／『フィールドワーク　関ヶ原合戦』藤井尚夫（朝日新聞社）／『知れば知るほど面白い　戦国の合戦』小和田哲男監修、『知れば知るほど面白い　黒田官兵衛』二木謙一監修（実業之日本社）／『「家紋」の事典』真藤建志郎（日本実業出版社）／『もう一度学びたい戦国史』菊地正憲、『写真と絵でわかる日本の合戦』加唐亜紀（西東社）／『戦国武将の戦術論』榎本秋、『戦国忍者は歴史をどう動かしたのか?』清水昇、『一個人別冊　戦国武将の謎』、『戦国武将はイケメンがお好き?』渡邊大門、『歴史人　戦国武将の家紋の真実』歴史人編集部編（ベストセラーズ）／『図解　戦国合戦がよくわかる本』二木謙一監修、『戦国合戦・15のウラ物語』河合敦、『学校では教えてくれない戦国史の授業』井沢元彦、『戦国ものしり百科』中江克己、『戦国時代の道具図鑑』本山賢司（PHP研究所）／『徹底図解　戦国時代』榎本秋（新星出版社）／『日本の十大合戦』島崎晋（青春出版社）／『真説・智謀の一族　真田三代』三池純正（洋泉社）／『ビジュアル版日本史１０００人　上巻』瀧浪貞子他（世界文化社）／『地図で読む戦国時代』「歴史ミステリー」倶楽部（三笠書房）／『地図で知る戦国』地図で知る戦国編集委員会・ぶよう堂編集部編（武揚堂）／『戦国合戦史事典』小和田泰経、『戦国城事典』吉田龍司、『図解　戦国武将』池上良太、『戦術』中里融司（新紀元社）／『戦国時代』両洋歴史研究会（メイツ出版）／『戦国武将必勝の戦法』戦国の歴史研究会編纂（メディアックス）／『九州戦国合戦記』吉永正春（海鳥社）／『日本の籠城戦』オフィス五稜郭編（双葉社）／『名城攻防戦』シブサワ・コウ監修（光栄）／『戦国古戦場の旅』野口冬人（山海堂）／『合戦騒動事典』志村有弘・歴史と文学の会編（勉誠出版）／『最強バトル!　戦国合戦事典』ながたみかこ著、小和田哲男監修（大泉書店）／『真実の戦国時代』渡邊大門（柏書房）／『日本戦国史　別冊宝島２１６０』瀧音能之監修（宝島社）／『戦国時代がわかる!』池享監修（成美堂出版）／『黄金文化と茶の湯』中村修也監修（淡交社）

小和田哲男（おわだ　てつお）

1944（昭和 19）年、静岡市に生まれる。1972（昭和 47）年、早稲田大学大学院文学研究科博士課程修了。現在、静岡大学名誉教授。文学博士。専門は日本中世史。特に戦国時代史研究の第一人者として知られ、NHK 大河ドラマなどで時代考証を担当。また、「城めぐり」を趣味とし、公益財団法人日本城郭協会の理事長も務める。主な著書に『戦国の合戦』『戦国の城』『戦国の群像』（すべて学習研究社）、『戦国武将の実力—111 人の通信簿』（中央公論新社）、『徳川家康大全』（ロングセラーズ）など多数。

装幀　石川直美（カメガイ デザイン オフィス）
本文デザイン・地図制作　伊藤知広（美創）
CG 制作　成瀬京司
編集協力　ロム・インターナショナル
編集　鈴木恵美（幻冬舎）

知識ゼロからのCGで読む戦国合戦

2016 年 10 月 25 日　第 1 刷発行

監　修　小和田哲男
発行人　見城 徹
編集人　福島広司

発行所　株式会社 幻冬舎
〒 151-0051　東京都渋谷区千駄ヶ谷 4-9-7
電話　03-5411-6211（編集）　03-5411-6222（営業）
振替　00120-8-767643
印刷・製本所　株式会社 光邦

検印廃止

ISBN978-4-344-90320-3　C2095
Printed in Japan
幻冬舎ホームページアドレス　http://www.gentosha.co.jp/
この本に関するご意見・ご感想をメールでお寄せいただく場合は、comment@gentosha.co.jp まで。